なぜゴルフは練習しても上手くならないのか

T・ウッズやオチョアは知っている

児玉光雄
鹿屋体育大学教授／日本スポーツ心理学会会員

東邦出版

はじめに

私はスポーツ科学の最前線で25年間生きてきました。しかし、スポーツ科学ができることは限られています。もっと言えば、スポーツ科学に頼り過ぎることは、弱いプレーヤーの証でもあるのです。

もちろん、私はスポーツ科学の役割を否定しているわけではありません。しかし、スポーツ科学はあくまでも脇役にしか過ぎない。私はそう考えています。

最先端のスポーツ科学よりも、あなた自身の脳のほうがもっとすごい機能を有しているのです。あなた自身のいまのスイングを信じ、あなたの脳にスコアアップを実現させる仕事をさせる。それがこの本のメインテーマです。

あなたはミスをする度に自分の不完全さを嘆いてはいませんか？ そういう思考パターンをいますぐ葬り去りましょう。

タイガー・ウッズやロレーナ・オチョアのような世界最高のゴルファーですら、彼らの判断基準に照らし合わせれば、ミスショットだらけなのです。

もちろん、彼らの判断基準でいうミスショットとあなたのミスショットの程度はまったく違います。しかし、彼らが感じているミスショットをする確率と、あなたが感じているミスショットをする確率は、たいして変わらないのです。つまり、一人ひとりのゴルファーの技術レベルは違いこそすれ、自分が感じるミスショットをひとつでも減らすこと。この点に関しては、あなたもタイガーもまったく変わらない。それが私の考えです。

ミスをして落胆している暇なんかないのです。

意図的にあなたのスイングを変えることはまったく必要ありません。この本を読みさえすれば、あなたの脳が自動的にあなたのスイングを微調節して洗練されたものに変えてくれるのです。

それだけでなく、少なくともメンタル面であなたはタイガー・ウッズのゴルフ脳を手に入れることも不可能ではないのです。そのためには、この本で強調しているイメージトレーニングのテクニックをぜひマスターしてほしいのです。

この本には07年のシーズン、６０００万円以上を稼いで見事賞金ランキング9位に輝いた小田孔明プロの模範的なスイングが特別収録されています。

この本に記されている小田プロのお手本のスイングを、説明に従って毎日「すきま時間」を活用して実行してください。

脳が有しているイメージング機能が、小田プロのスイングをミックスしてあなたのスイングを劇的に改良してくれるはずです。

２００8年5月　児玉光雄

メンタルゴルフ　目次

目次

6章 イメージング機能を高めてショートゲームの達人になろう

カバーデザイン　有限会社ぴぃぴぃぴぃ
本文イラスト　内山弘隆
編集　岡田剛（楓書店）
制作　シーロック出版社

序章　スイングを改良しなくてもあなたは劇的に上達できる

■あなたのスイングは唯一無二の存在

この本があなたの運命を変えるかもしれません。私が指導しているツアープロも含めて、多くのゴルファーの誤解のひとつに、スランプに陥ったとき、その原因をスイングに求めてしまうことがあります。しかし、残念ながら、その思い込みは大抵の場合、ゴルファーをますますスランプに陥らせてしまうのです。

まずスイングの迷いを取り去ること。そのためには、「自分のスイングは完璧である」と考えることです。

あなたのスイングは世界でただひとつしか存在しないのです。そのスイングを信じ切ること。そこから始めてほしいのです。

ないものねだりをしてはいけません。あなたのスイングは紆余曲折の末できあがった完璧なもの。そう考えてみましょう。

スイングをコロコロ変える人は、自分のスイングを信じていない人です。この人は常に迷いながらショットをする運命にあります。

まず自分自身のスイングを信頼すること。もちろん、私の主張する完璧なスイングとは、決してミスショットを生み出さないスイングという意味ではありません。あなたのスイングは、「あなたの身体と精神に最も適合している」という意味で完璧なのです。だから、たとえミスショットを連発しても、「次のショットは必ずナイスショットになる」と信じることです。

もしも「ミスショットをしないスイング」を完璧なスイングと定義するなら、この世の中に完璧なスイングなんて存在しないのです。そういう意味で言えば、タイガーのスイングも完璧ではないのです。

もちろん私はスイングの改良を否定しているわけではありません。この本では私が推奨する画期的なイメージトレーニングによるスイングの改良を提唱しています。あなたの脳がすでに保有している脳のイメージング機能を活用すれば、自然に無理なくあなたのスイングを改良していけるのです。

たとえば、特別収録「MODEL SWING MINIBOOK」に掲載されている小田孔明プロのモデルスイングの連続写真を繰り返し観察するだけで、小田プロのスイングイメージを脳は記憶してくれます。そして、それは自然に脳内のプログラミングの過程であなたのスイングの改良に反映されるのです。

「スイングの改良は意図的なものよりも自動的なものであるべき」というのが私の考えです。脳のイメージング機能を活用すれば、確実に、しかも自動的にあなたのスイングは変わっていけるのです。最先端のスポーツ科学も、あなたの脳のイメージング機能にはまったく歯が立たないのです。

つまり教科書に書いてある標準型のスイングに変えるという発想を捨てて、イメージトレーニングにより、あなたの個性的で完璧なスイングに模範的スイングを染み込ませると考えればいいのです。

あなたの個性がスイングそのものの個性です。個性とは、相違点です。ジム・フューリクが、あの変則的かつ個性的なスイングを変えていたら、絶対に一流の仲間入りをすることはなかったと私は信じています。あるいは、タイガーのスイングはタイガーの個

タイガーのスイングにもニクラウスのスイングにも個性があります。すべてが教科書どおりである必要はないのです

性。ニクラウスのスイングはニクラウスの個性です。それと同じようにあなたのショットもあなたの個性であるべきです。

タイガーとニクラウスのスイングはまったく違うのです。両者の置かれた環境の違いや彼らの身体機能の違いがそうさせているのです。しかし、両者のスイングはともにメカニック的にも素晴らしいスイングであることに異論を唱える人はいないでしょう。

まず、あなたに強調したいのは、「スイングを改良するために練習をする」という発想では、いくら練習時間があっても完璧には辿り着けない、ということ。

スイングを変えることが改良だと信じている人は結局中途半端なゴルフ人生を歩むことになるのです。そういう発想を捨てて、自分の個性を目一杯発揮するために練習する。あるいは個性的なフォームを固めるための練習をする。そういう発想で練習に取り組むことです。

確かにバランスのとれたスイングからはナイスショットが生み出される確率が高くなるように思えます。しかし、あなたに理解してほしいのは、スイングの素晴らしさとナイスショットの確率は必ずしも一致しないということです。

一流のツアープロでさえ、そのことを誤解しています。それはあくまでも思い込みでしかないのです。

タイガーがあれだけ安定したドライバーショットを打てるのはスイングが素晴らしいことよりも、むしろ絶え間ない練習と脳が有するイメージング機能を連動させて、再現性のあるスイングを駆使できるからです。

これはとても重要な事実なのですが、あなたのミスショットが生み出されるのは、たぶんあなたのスイングがまずいのではなく、あなたのスイングの再現性において問題があるのです。

もしもあなたがときどき打つ、目の覚めるようなナイスショットを完璧に再現できたら必ずそれはナイスショットになるのです。

つまり、すでに解説しているように、あなたのミスショットの原因はあなたのスイングがまずいからではなく、その再現性に問題があるのです。

個性的であるという点ではあなたのショットもタイガーのショットも同等なのです。ただあなたのショットのほうが再現性という意味で少し不安定であるだけなのです。

しかも、それがミスショットを連発させている最大の原因ではなく、あなたが自分のショットを信頼していないことがたぶんミスショットを引き起こしている最大の原因なのです。

■自分のスイングを「完璧なスイング」と考えてみよう

もしもあなたがタイガーと同じだけの練習量を確保して脳のイメージング機能を活用すれば、あなたのスイングはタイガーのスイングと同じ安定性（パワーの違いにより飛距離はタイガーに比べて劣るかもしれませんが）を得られると、私は確信します。

とにかく、あなたに必要なのは、あなたがいま保有しているスイングを信じることです。練習することなく上達することはほとんど不可能です。しかし、メンタルテクニックなくして、効率的に上達することなんて、可能性ゼロといえるのです。

タイガーや、いま女子プロゴルフ界に君臨するロレーナ・オチョアのように、チャンピオンとしての迷いのない態度を貫くことこそ大切なメンタルテクニックです。

たとえドライバーショットで何回もミスショットを繰り返しても、メンタルトレーニングを積み重ねれば、次のショットでは素晴らしい250ヤードの完璧なドライバーショットを打った心理状態を維持させて臨むことができるのです。

私は「天才アスリートの心理分析」をライフテーマに過去25年間研究に没頭してきました。その研究による私の最大の発見のひとつは、「天才は素晴らしい才能を有しているから成功できた」という巷の常識の決定的な間違いに気づいたことでしょう。

たとえば、メジャーリーガー、イチロー選手があれほど卓越したパフォーマンスを発揮できるのは、自分のスイングをほかのどのメジャーリーガーよりも強く信じているからです。自分のバットスイングは完璧であると信じてバッターボックスに入っている。自分のスイングに全幅の信頼を置いているからあれ程の成績を残せるのです。

イチロー選手のすごいところは自分のスイングを脳のイメージング機能を活用して微調整する能力です。それはスイングを変えるという発想ではありません。

イチロー選手の意識はスイングの型にあるのではなく、リズムやテンポを飛んでいるボールに合わせるタイミングメカニズムを、研ぎ澄まされた感性を頼りに修正していく意識に絞り込まれています。

それはゴルフにもまったく適用できるのです。あなたに必要なのは、インパクトにおける感覚を視覚のみならず聴覚（インパクト音）や触覚（グリップの感覚）まで動員して最高のものにすることです。

もう一度繰り返します。ミスショットが出るのは、あなたのスイングに問題があるわけでなく、あなたのインパクトが完璧でないことにあるのです。

ボールの行方は一万分の数秒という瞬きにも満たない時間によって１００パーセント決定されるのです。もしもあなたがフェアウェイセンターに最高のショットを一度でも打ったことがあるなら、それであなたのスイングは完璧なのです。あとは絶え間ない練習により、その完璧なスイングの再現性に意欲を注ぐ。タイガーやロレーナもその再現性に意欲を注いだからチャンピオンに成り得たのです。

まずそういう「チャンピオンの意識」に自分を変えることから始めてみましょう。この本の最大のコンセプトはそこに集約されるのです。

そう信じることが、劇的なスコアアップを実現してくれるのです。

□あなたのメンタルレベルをチェックしてみよう

それでは、ここであなたの「メンタルレベル」をチェックしてみましょう。多くのゴルファーがあれほどショット練習には精を出すのに、メンタルトレーニングにはまったく無頓着なのは、とても不思議な現象です。

すでに欧米では、ゴルフだけでなくあらゆるスポーツにおいてメンタルトレーニングの重要性が浸透しています。つまり技術的なトレーニングや筋トレ同様、メンタルトレーニングも「スキル」なのです。

あなたがメンタルトレーニングにいまよりもう少し関心を持つことにより、劇的な進歩を成し遂げることも不可能ではないのです。

たとえば、ティショットをミスして深いラフに入れたときも、「なんて俺は下手なんだ」と打ち終わったショットを悔やむのではなく、「次のラフからの難しいショットを見事にリカバリーしてみせるぞ」と考えるだけで、次がナイスショットになる確率は明らかに高くなるのです。

あるいは、普段から「自分はもっとうまいゴルファーであるはずだ」と繰り返し自分自身に言い聞かせることにより、どんどんうまくなっていくのです。

つまりあなたの心理状態を改善するだけで、あなたは常にタイガーやロレーナのような最高レベルの心理状態で次のショットのアドレスをとることができるのです。

それでは**表1**の「メンタルチェック用紙」で早速あなたの現状のメンタルレベルをチェックしてみましょう。この用紙をコピーして、月に2~3回このチェック用紙で採点してください。点数がどんどん増えていくことにあなたは気づくでしょう。

すべての項目で4点以上とれるような習慣を身につけることにより、あなたのメンタルレベルはどんどん向上していくのです。

■表1

メンタルチェック用紙

このチェック用紙であなたのメンタル面の武器と弱点が診断できます。
質問事項に対して素直な気持ちで正直に答えてください。
A.まったくそうである　B.ほとんどそうである　C.ときどきそうである
D.めったにそうではない　E.まったくそうではない
200＿年＿＿月＿＿日　氏名＿＿＿＿＿＿＿＿

質問事項	A	B	C	D	E
1．常に目の前のショットに集中できる	5	4	3	2	1
2．常にプラス思考で物事を捉えることができる	5	4	3	2	1
3．常に夢を追い求めている	5	4	3	2	1
4．常にショットのイメージを大切にプレーしている	5	4	3	2	1
5．自分とプレッシャーに弱いと感じることが多い	1	2	3	4	5
6．プレー中にほかのことをクヨクヨ考えることが多い	1	2	3	4	5
7．気持ちの切り替えには自信がある	5	4	3	2	1
8．目標スコアを立ててラウンドすることが多い	5	4	3	2	1
9．ショートゲームのタッチ感覚には自信がある	5	4	3	2	1
10. パットでスムーズなストロークができないことが多い	1	2	3	4	5
11. ティショットでいつもOBのことが気にかかる	1	2	3	4	5
12. 計画的に物事を進めることが得意である	5	4	3	2	1
13. パットのラインを読むことが得意だ	5	4	3	2	1
14. 練習場で同じクラブで黙々と練習することができる	5	4	3	2	1
15. あまり落ち込まない性格である	5	4	3	2	1
16. 鮮明なカラーの夢をよく見る	5	4	3	2	1
17. なにかに打ち込んで時間を忘れることがある	5	4	3	2	1
18. コースのレイアウトはよく記憶しているほうだ	5	4	3	2	1
19. スコアへの執着心ではだれにも負けない	5	4	3	2	1
20. メンタルリハーサルに興味を持っている	5	4	3	2	1

評価

☆80点以上	Aレベル	あなたはメンタル面で極めて優れています。
☆65～79点	Bレベル	あなたはメンタル面で優れています。
☆50～64点	Cレベル	あなたはメンタル面で平均レベルです。
☆35～49点	Dレベル	あなたはメンタル面でやや劣っています。
☆34点以下	Eレベル	あなたはメンタル面で明らかに劣っています。

1章　あなたの上達を阻んでいるメンタルの壁を取り払おう

■自分の個性的なスイングを信じよう

多くのゴルファーが自分の才能のなさを上達できない理由にしてしまっています。これはとても残念なことです。確かに、あなたには、タイガーやロレーナのようなプロゴルファーとしての素質はないかもしれません。

しかし、あなたの潜在能力を最大限活かして上達する方法はあるのです。

大切なことは、あなたのゴルフの現状のレベルがどうかではなく、これからあなたがどれほど上達できるかなのです。

たとえゴルフの才能に恵まれていなくても、持てる能力を目一杯発揮するアマチュアゴルファーは称賛に値するのです。一方で、才能に恵まれながらそれを十分発揮できないツアープロが成功することなどないのです。

人生はたった一度きり。やり直しがききません。ならば、技術的なスイング改良はひとまず横に置いておき、この本で私が主張するメンタルテクニックにチャレンジしてほしいのです。

私が指導しているツアープロのなかには、素晴らしい才能を持ちながら、それを活かすことなくツアーの表舞台から消えていった人もいます。あるいは、あまりにも技術信仰に偏り過ぎたため、スイングを変えることに興味を抱き過ぎ、メンタル面の向上への意識が希薄なために、二流に甘んじているツアープロもいます。

話は少し横道に逸れますが、実は2001年にイチロー選手がメジャーリーグに移ったとき、シアトル・マリナーズからテキサス・レンジャーズに移籍したアレックス・ロドリゲス選手（現ニューヨーク・ヤンキース）の代役としてマリナーズが彼を獲得したという報道が流されました。

そのことに関して、イチロー選手はこうコメントしています。

「僕は彼の代役じゃありません。ロドリゲスは内野手で僕は外野手です。彼はホームランバッターだけど、僕はそうではありません。僕は、ファンにありのままの僕を好きになってもらいたいだけです」

とかく人間は比較したがる動物です。どちらが優れていてどちらが劣っているか。こんなことを比較するのは人間だけです。

あなたのスイングはこの世の中で唯一のもの。ほかのゴルファーと比較する暇があったら、自分の個性を目一杯発揮することに意欲を注ぎましょう。

ほとんどの人々が折角素晴らしい潜在能力を備えて生まれてきたのに、自分の潜在能力のせいぜい3～7パーセントしか発揮できずにこの世を去っていく運命にあるのです。これはとても残念なことです。

あのアインシュタインやエジソンでさえ、自分の持てる能力のわずか10～12パーセントしか発揮できなかったと言われているのです。

つまりほとんどの人が自分の潜在能力の存在を知らずに、自分自身を過少評価してしまっているということです。他人と比較することをやめて、ひたすら自分を信じること。ゴルフで奇跡を起こしたかったら、そういう発想を持つことです。他人は関係ありません。

個性的という点では、あなたのスイングはタイガーのスイング以上でも以下でもなく、同等なのです。あなたのスイングを真似できる人はこの世の中にだれもいな

いのです。


ならば、そのスイングを信じてひたすら私が強調する再現性を高めればよいのです。

もしもあなたが過去の人生の中で一度でも素晴らしいショットを打ったことがあれば、そのスイングを変える必要なんかないのです。

スイングを変えることが迷いを生み、それが結果的にあなたのスコアメイクの妨げになっている可能性があるのです。

先ほども触れたように、ナイスショットはスイングから生み出されるものではありません。あなたのナイスショットはインパクトによって生み出されるのです。その瞬きにも満たない一万分の数秒で起こることが、あなたのボールの行方のすべてをコントロールしているのです。少なくともボールの行方に関してインパクトの前後はまったく関係ありません。

■技術は選択できないが、メンタルは選択できる

私はこれまでクラブを握って数カ月の初心者からツアープロまで、さまざまなレベル

のゴルファーのメンタル面をサポートしてきました。私のゴルフセミナーに参加した数多くのゴルファーの中には、わずかながら、なんの努力もすることなくシングル入りした才能溢れるアマチュアゴルファーがいました。

一方で、いくら努力しても120を切れない、ゴルフにまったく不向きな人もわずかながら存在します。

しかしそれ以外の90パーセント以上を占める大部分のゴルファーは、適切な、一定時間の努力を積み重ねさえすれば、だれでもシングルになれるのです。

それがメンタルトレーナーとしての私の信念です。

もしも、あなたが真剣にシングルになりたいと思っているなら、技術面だけでなくもっとメンタル面に関心を持っていただきたいのです。

考えてみれば、ゴルフほど知的なスポーツはあまり見当たりません。たとえばティグランドに立つと、コースも見ずにドライバーを振るゴルファーがいます。知的なゴルフのできないメンタル面に問題のあるゴルファーです。

3番ウッドやロングアイアンまで考慮に入れて、できるだけ多くの選択肢の中から最良の方策を選ぶことも大切なメンタルテクニックなのです。

「技術は選択できないが、メンタルは選択できる」のです。

ツアープロも含めてすべてのゴルファーにとってショットは基本的にひとつしか存在しません。もちろんドライバーショットを例にとると、ツアープロならフェードやドローを自由自在に打ち分けているようにみえますが、レベルの高いゴルファーほどそれぞれのショットの一つひとつは完成された変更のきかないものです。

少なくともフルスイングのショットの場合、この球筋のショットをする、と決めたら、たとえツアープロでも選択の余地はありません。バックスイングを開始したあとは、脳の中に保存された変更の効かないスイングプログラムをただ忠実に実行するしかないのです。

ここでひとつのたとえ話をしてみましょう。ゴルフのプレーを買物にたとえてみるのです。

まずゴルフにおける技術は財布の中のお金であると私は考えています。そして、メンタルはお金の遣い方です。最後に限られた金額で手に入れた商品やサービスがスコアです。

まず技術的な違いにより、ゴルファー一人ひとりの所持金は違います。たとえば、ツアープロの手持ちの所持金は1万円、シングルゴルファーなら5000円、ハンディ15のゴルファーなら3000円というわけです。

ショット練習をしてこの所持金を増やすことは可能ですが、あなたのハンディが15なら、その日のラウンドにおける財布の中の所持金は3000円しか入っていないと考えてみましょう。

限られた所持金を活用していかに賢い買物をするか？　それはメンタルテクニックの見せ所です。たとえば、今日3000円の所持金しか財布に入っていないのに、高級レストランに入る人はいないでしょう。しかし、ゴルフのラウンドでは、そのような考えられない行動に出るアマチュアゴルファーが多いのです。

3000円の所持金しかないことを自覚して、それに見合った安くてうまいレス

トランの探し方があるはずです。限られた所持金で、できるだけ上手なお金の遣い方を身につける。この能力こそメンタルテクニックそのものなのです。

■「下手なゴルファー」という思い込みが上達の最大の敵

あなたはゴルファーとしての自分をどう評価していますか。前にも少し触れましたが、私が指導するツアープロを含めて、大部分のゴルファーは自分を過小評価しています。ツアープロのランクは「腕前の違い」だけで決まるのではなく、「自分はどの程度のプロゴルファーと自己評価しているか」にも、大きく影響されるのです。

たとえば、ロレーナのすごいところは「チャンピオンという自己イメージ」をほかのどの女子プロよりも強く心の中に描いていることです。よいスコアを出しても彼女が浮かれることはありません。反対に、スコアを崩してもまったく落胆することもないのです。

まさに、「不動心」を貫いていることが彼女の素晴らしい成績を支えているのです。この自己評価は、実はあなたのゴルフにも当てはまるのです。「自分は平均レベルのゴルファーに過ぎない」と、あなたが思い込んでいたとしたら、そこからの脱出はほとんどど望めません。

スポーツ心理学では、この心理状態を「メンタルバリヤー（心の障害）」と呼んでいます。過去の事実だけを捉えて、「それが自分の実力である」と脳が勝手に思い込む。これがあなたのゴルフの上達を阻んでいるのです。

実はあなたの脳は過去のミスショットを記憶させて、「下手なゴルファーを演じるプログラム」を作成して下手なゴルファーを演じさせているのです。

結局過去のラウンドのスコアに辻褄の合うプレーをすることにより、ホッと胸をなで下ろしているのです。言い換えれば、あなたは「下手なゴルファー」を忠実にラウンドで演じることが好むと好まぬとにかかわらず、あなたにとって快適な心理状態なのです。

それでは、「上手なゴルファー」を演じるにはどうしたらよいのでしょうか。あなたがウッズやソレンスタムのようなプレーをすることはまったく不可能です。

しかし、彼らの自信に満ちた仕草や表情を真似ることはすぐにでもできます。王者の風格を漂わせて堂々とフェアウェーを歩いているタイガーやロレーナをイメージしてし

「メンタルバリアー」を取り払い、「上手なゴルファー」を演じることで、ロレーナのような「不動心」を身につけることができます

っかりと脳内に取り込みましょう。

ナイスショットを打つことによって心の中に自信が満ち溢れると考えてはいけません。そうではなく、堂々とした態度が心の中に自信を植えつけ、その自信があなたにナイスショットを打たせるのです。

たとえば、悲しいから涙が出るのではなく、涙が出るから悲しくなるのです。つまり生理現象がそれに適合した感情を浮かび上がらせるのです。それと同じように、結果に反応することなく堂々とチャンピオンの態度を貫けば、ナイスショットが打てると考えてみましょう。

結果に一喜一憂しているだけではゴルフになんの進歩もありません。そういう思考パターンを潔く捨てて、どんな結果に終わろうとも、あなたが普段訓練しているタイガーやロレーナの自信に満ちた態度を取り続ける。これこそまさに典型的なメンタルテクニックのひとつです。

結論から言いましょう。良好な態度が良好な心理状態を形成し、良好な心理状態がナイスショットを打たせてくれているのです。

メンタルに強い人と弱い人では、ショットのあとに大きな差が生じます。弱い人はミスショットをすると、途端に落胆してしまいます。その落胆が次のミスショットを生み出すことを知ってほしいのです。

メンタルトレーニングに習熟すれば、ミスショットをしたあとも「王者の風格を漂わせて自信に満ちた態度を取り続ける」ことができるのです。その一見不自然に思えるようなことを実行するのがメンタルテクニックです。

あなたがミスショットを打ったからといって、次のショットもミスをするというわけではありません。あるいはナイスショットを打った次のショットが惨めなミスショットとなることもあるのです。

大切なことは、「一打一打は独立したもの」と考えて、どんな場合でも、あなたにとっての最高の心理状態を維持してアドレスをすることなのです。

もちろんタイガーやロレーナでも、ミスショットから完全に逃れることはできません。彼らとても、たったひとつのミスショットにより優勝から見放されることも珍しくないのです。しかし、どんなときでも彼らは、自分がなし得る限りの最高の心理状態で目の前のショットに臨むのです。

まずあなたの思い込みを取り払ってタイガーやロレーナのような「うまいゴルファーを演じる」ことこそ、上達の大きな武器になるのです。

■パフォーマー・スキルこそスコアアップの特効薬

実は私のスポーツ心理学の先生は、現在注目されている女子プロゴルファー、ミシェル・ウィーが指導を受けているジム・レアー博士です。もう20年以上前の話ですが、私はフロリダ州にあるレアー博士の研究センターで彼から直接彼らの理論を学び、その後、彼が来日したときに何度も彼の講演の通訳を務めました。

現在レアー博士がウィーにどんなメンタルテクニックを伝授しているかは、企業秘密のため定かではありませんが、おそらく彼はウィーに『パフォーマー・スキル』の大切さを伝授しているはずです。ここではそのパフォーマー・スキルを身につけるテクニックを皆さんに伝授しましょう。

すでに触れていますが、パフォーマー・スキルとは、「強いゴルファーを演じ切る能力」のことです。おそらくウィーも「チャンピオンの姿」を繰り返し頭の中に刷り込む訓練をしてパフォーマー・スキルを身につけているはずです。

私自身、レアー博士からパフォーマー・スキルの大切さを徹底的に指導されました。ゴルフのラウンドだけでなく、練習場でも私たちはタイガーやロレーナのようなチャンピオンの姿をイメージして堂々とした自信に満ちた態度でプレーすべきなのです。演じることが大切です。

あなたは「ほんとうの自分」と「演じる自分」との違いを考えたことがあるでしょうか？

もしもあなたがハンディ20なら、あなたは「ハンディ20のゴルファー」をありのままに演じているのです。しかし実は当たり前のこの自己イメージがあなたの上達を阻んでいます。

パフォーマー・スキルを働かせ、「もっと上手いゴルファー」を演じてみせることこそ上達のカギなのです。たとえばイチロー選手の措いている「演じる自分」は「10割を打つ完璧な打者」です。そして等身大の自分は「3割5分の打者」なのです。

あるいは、アニカ・ソレンスタムがバッグに54という数字を刺繍で縫いつけている理由は、「54という完璧なスコアでラウンドする最高の自分」を目指してプレーしているからです。

同様に私たちも「もっとうまいゴルファー」を演じてみましょう。つまり、ベストスコアでラウンドしたときこそ「本来のあなた」であると認識すべきなのです。しかし私がこのことの重要性をいくら主張しても、本気にしてくれるゴルファーはほとんどいません。

ほとんどのゴルファーが、「今日はたまたま運がよかったからだ」と、ベストスコアの原因を運のせいにしてしまうのです。つまりせっかくレベルアップするチャンスが訪れているのに、みすみす上達のチャンスを逃してしまっているのです。

「パフォーマー・スキルを身につける5つの習慣」を**表2**に示しました。ラウンド中にミスショットを連発しても、「うまいゴルファー」の仕草と態度を崩してはいけません。

結果が態度や表情をコントロールしているのが並のゴルファーなら、態度や表情

■表2

パフォーマー・スキルを身につける5つの習慣

1.「もっとうまいゴルファー」を
真剣に演じながらプレーしよう

2.ウッズやソレンスタムの堂々とした
仕草や態度を真似しよう

3.ミスをしたあとも勝者の態度を維持しよう

4.ナイスショットを打ったとき
本来の実力が出たと考えよう

5.日頃から胸を張って
自信に満ちた仕草を取り続けよう

が結果を支配すると信じているのがチャンピオンなのです。

もちろんゴルフと関係のない日常生活においても自信に満ちた仕草や表情を取り続ける習慣をつけることが大事です。レアー博士がウィーに教えているパフォーマー・スキルを身につけることこそ、スコアアップには不可欠なのです。

■「最高の自己イメージ」を作り上げよう

私が一貫して強調する事実があります。それは、「人間は自分が描いたゴルファー以上のゴルファーにはなり得ない」という事実です。

脳はあなたが描いたゴルファー像をできるだけ忠実に実現するプログラムを作成するのです。あなたがゴルファーとして上達しようが、停滞しようが、脳にとっては知ったことではないのです。脳はただ与えられたイメージを再現しようとすることだけに努めるです。

つまりあなたの上達はあなたの才能によってではなく、あなた自身が「自分をど

のようなゴルファーとして捉えているか?」に、かかっているのです。

あなたの描くビジョンや設定した目標次第でゴルフの上達速度は明らかに違ってくるのです。そのときに知っておいていただきたいのが「自己イメージ」です。これに関して、わかりやすいたとえ話をしましょう。

たとえば、ここに平均スコア100の同じ力量のアベレージゴルファーがふたりいます。ゴルファーAのその日の目標スコアは100、ゴルファーBの目標スコアは90です。

前半のハーフで、このふたりのゴルファーが45でラウンドしたとします。このふたりにとって、45は自分の腕前にしては上出来のスコアです。すると昼休みにおける思考パターンにおいて、明らかにこのふたりのゴルファーには違いが生じます。

まずゴルファーAです。彼はこう考えるでしょう。

「後半55で回ればよい。そうすると目標スコアの100で上がることができる。これは私にとってなんでもないことだ」と手抜きをしてしまい、結局後半ミスを繰り返して55でラウンドして自らの目標に帳尻を合わせるのです。

一方ゴルファーBはどうでしょうか? 彼は「このままのペースで後半のハーフも集

中を切らさずにプレーしよう」と考えて、プレーに集中した結果、後半のハーフでやはり45というスコアで上がり、90という目標を達成するのです。

このふたりのスコアを隔てたもの。それは技術ではまったく説明できません。ゴルファーとして彼らの抱いた「自己イメージの違い」でしか、説明できないのです。

ゴルファーAのように目標設定が低過ぎることが本人の潜在能力に蓋をしてしまうのです。つまり低い目標設定があなたのゴルフの才能を枯らしてしまうのです。

あなたの過去のラウンドのスコアの延長線で自己イメージを捉えている限り、上達なんてまったく望めないのです。

ただし、自己イメージがあまりにもかけ離れたものであってもよくありません。たとえばさきほど述べたゴルファーBの目標スコアが90ではなく、80であったらどうでしょう。

最初の3ホールで、ボギー、ボギー、ダブルボギーという結果だったとき、「今日は80で回ることなんてまったく不可能だ。あきらめるしかない」と考えてしまい、ラウンドして30分もたたないうちに一気にモチベーションが下がってしまうため、結局は平均スコアの100も切れない散々な一日になってしまう運命にあるのです。

結論から言いましょう。あなたにとって必要なのは、最適な目標設定水準に自己イメージの照準を合わせることなのです。

つまり脳は、その人が描いた自己イメージにできるだけ忠実な実行プログラムを描くのです。言い換えれば、目標設定の水準がそのゴルファーの腕前を決定するです。

98ページに目標設定の理論について説明していますので、ぜひ理解してください。私が強調したいのは、あなたを上達させてくれるのはスイングの改良でなく、正しい自己イメージの設定をすることなのです。

タイガーやロレーナがチャンピオンになれた理由は、彼らの卓越した技術だけで説明し切れません。彼らの自己イメージの描き方がほかのツアープロよりも優れていたからだと、私は信じています。

つまり上達したかったら、自己イメージの描き方の天才になればよいのです。もう一度繰り返しましょう。好ましい自己イメージとは、なんとか精一杯の努力をしてやっと手に届くゴルファー像であるべきです。

■等身大の自己イメージがあなたの上達を阻んでいる

日本を代表するツアープロ、片山晋呉プロの強さの秘密も、この自己イメージの描き方がうまいことに集約されるでしょう。

絶好調のときでも、あるいはパットがカップを外れたときでも、彼から落胆の表情は感じ取れません。悔しがることはあっても闘争心が衰えることはまったくないのです。

つまり片山プロはほかのどのツアープロよりも「うまいプロ」を演じることができるからよい成績をあげられるのです。

考えてみれば、ゴルフの最大の目的は目の覚めるようなドライバーショットを打つことでもなければ、長いロングパットを決めることでもありません。

18ホールを通じてスコアをひとつでも縮めることに全力を尽くす。そのことの大切さを私たちは片山プロから学ぶべきです。

確かに健康維持が最大の目的で、スコアは二の次と考えているゴルファーも少なくないでしょう。しかしスコアにこだわることにより、ゴルフはもっと楽しくなるのです。

実はゴルフにおいて、真のライバルはあなたと一緒にラウンドしているほかのプレーヤーではありません。

真のライバルはあなた自身であるべきです。

まずあなたの自己イメージを書き換えることから始めてみましょう。たとえば、あなたのハンディキャップが20だとしたら、あなたはいつも90前後のスコアで回るゴルファーという自己イメージを持ってプレーしているはずです。実はこれがあなたの上達を阻んでいるのです。

たとえあなたが「もっとうまくなりたい」という願望を描いていたとしても、潜在意識が等身大のあなたのプレーを忠実に再現してしまうから、結局ハンディ20に見合うスコアしか出せないのです。

それでは自己イメージを改良するにはどうすればよいのでしょう?

やり方は単純です。「自分はもっとうまいゴルファーだ」と日頃から自己暗示をかけ続ければよいのです。

なかには、「自分はミスを連発しているのに『うまいゴルファー』なんて思うことこそ不自然だよ」と反発する人もいるでしょう。しかしそんなとき、私はこう答えることにしています。

「片山プロのように『自分はもっとうまいゴルファーであるはずだ』と考えて、堂々とした態度で次のショットのアドレスをとることがあなたの自己イメージを改良して上達を加速してくれるのです」

「やっぱり私はこの程度の下手なゴルファーなんだ」と落胆してアドレスするか、「僕はほんとうはもっとうまいゴルファーなんだ」と自分を勇気づけるか。

その違いはあまりにも大きいのです。

目の前のショットを打つとき、どちらの思考パターンが好ましいか? それは説明するまでもないでしょう。

表3は「自己イメージを書き換えるメッセージ集」です。ぜひこのメッセージ集を参

■ 表3

自己イメージを書き換えるメッセージ集

☆ナイスショットを打ったとき

- 自分の実力が出た。この調子を維持させよう
- この感覚を忘れないようにしておこう
- 自分のゴルフが進化していることを確信できる

☆ミスショットを打ったとき

- 気持ちを切り替えて次のショットに集中しよう
- 次の難しいショットを私は見事にリカバリーできる
- 深呼吸してリラックスすれば次は必ずナイスショットになる

考にして好ましいメッセージをつぶやいてください。

あなたにもときどき目の覚めるような素晴らしいドライバーショットを打つことがあるでしょう。そのときには、必ず「自分の実力が出た」とつぶやいてください。

あるいはティショットをミスして深いラフに入れたときには、すぐ気持ちを切り替えて「次のラフからの難しいショットを見事にリカバリーしてみせる」とつぶやけばよいのです。

それだけでなく普段から「自分はもっとうまいゴルファーのはずだ」とか「自分のゴルフは毎日進化している」と繰り返し自分に言い聞かせる習慣をつけましょう。

それがあなたの「自己イメージ」を書き換えて「うまいゴルファー」に変身させてくれるのです。

・あなた自身の固有のスイングを極めましょう
・メンタルを鍛えれば誰もがシングルプレーヤーになれます
・あなたの上達は才能によってでなく自己イメージにかかっています
・真のライバルはあなた自身です

2章　脳のイメージング機能を活用させよう

■プレーに不可欠な三つのステージを理解する

ゴルフには三つのステージが存在します。1打、1打はその繰り返しなのです。それらは「イメージ」、「決断」、「実行」です。ほとんどのアマチュアゴルファーの関心事はスイングに代表される「実行」の部分です。しかし、そもそも「実行」にはもはや選択の余地はないのです。

いくらあなたが「実行」に関心があったとしても、それはもはや完結したもの。あなたのやれることは、スイングという出力作業をただ実行するだけ。もはやそれは変更不可能なのです。

ナイスショットで浮かれ、ミスショットで落胆する。その結果に反応するだけで一喜一憂を繰り返している限り、上達なんてまったく望めないのです。

あなたが関心を持つこと、それは実行前にやらなければならない「イメージ」と「決断」の部分です。この「イメージ」と「決断」のふたつの要素を無視してスコアアップは望めないのです。

これに関して、アニカ・ソレンスタムのコーチを長年務めたピア・ニールソンも私と同じような考えを持っており、ひとつのわかりやすい表現で私たちに「イメージ」と「決断」の重要性を問いかけています。

ニールソンは、紐を使って「思考ボックス」と「実行ボックス」という2種類の領域を分けることを勧めています。

やり方は簡単です。練習場のボールの後ろ1メートルくらいのところにショットの飛んでいく方向と垂直に1メートルの紐を置きます。そして紐を境にこのふたつのボックスを分けます。もちろんボールのある領域が「実行ボックス」そして紐の後方が「思考ボックス」です。

私が強調するイメージを描く作業は、まさにこの思考ボックスで行う作業です。私は「思考ボックス」を「イメージ領域」、「実行ボックス」を「実行領域」と呼んでいます。

思考という日本語は、主に左脳で論理を駆使して考える行為を指します。しかし実際のラウンドや練習場では、むしろ右脳が主役を占めるべきです。

つまり、これから打つべきショットの落とし場所やボールの軌道を描くイメージ

ング機能をフル稼働させることが大切なのです。

もちろん戦略面で「あの領域に打ってはいけない」とか、「フェアウェイの右側にボールを止めよう」といった左脳による思考をすることも必要ですが、それはあくまでもイメージする作業の脇役であるべきというのが、私の考えです。

「イメージ領域」から「実行領域」に移動する直前に、私たちはいま描いた複数のイメージから選択する決断作業が求められます。

もしもあなたが決断することなく「イメージ領域」から「実行領域」に移動したとき、あなたの心の中には迷いが生じます。これがミスショットを誘発する大きな要因になるのです。

「決断の作業」は、あなたの直感に委ねてください。左脳の論理に委ねてはいけません。感性を働かせてイメージを頼りに決断してほしいのです。決断に時間をかける必要はありません。

時間をかけることにより、直感ではなく論理が働いて間違った選択をしてしまう

ラウンド中は右脳が主役。「決断の作業」を直感に委ね、その決断したイメージに合ったショットを打つようこころがけるようにしましょう

可能性があるのです。

たとえ間違った選択でもよいから、「実行領域」に移動する前に、脳のイメージング機能を働かせて、これからあなたが打つべきショットのターゲットとボール軌道のイメージを決断してください。そしてそれらを決断したあと、実行領域に移行してアドレスをとる。そういう習慣をつけることが大切です。

そして実行領域においてボールを打ったあと、いまあなたが決断したイメージが正しく実行されたかどうかをチェックしてください。

たとえナイスショットを打っても自分の決断したイメージと違っていたなら、それはナイスショットではありません。あるいは、結果的にフェアウェイを外してミスショットになっても、あなたが決断したショットに近かったら、それはナイスショットなのです。

あなたの右脳をフル稼働させて、「イメージ」「決断」「実行」を淡々と繰り返すことにより、あなたは着実に上達していけるのです。

■「イメージ領域」と「実行領域」の時間配分に敏感になろう

さてここで、それぞれの領域の時間配分が重要です。「イメージ領域」にいるとき、あなたはいくつかのイメージを描いてそのなかから最適なイメージを選択することを決断する作業が必要です。つまり、明らかに「イメージ領域」にいる時間は「実行領域」にいる時間よりも長くなるべきです。

私の分析結果でも、レベルの高いゴルファーのほうが「イメージ領域」に時間をたっぷり割く傾向があります。

たとえば、タイガーやロレーナといった一流のツアープロは、「イメージ領域」と「実行領域」の時間の比率が3:1〜5:1と、「イメージ領域」にいる時間のほうが圧倒的に長いのです。

一方、アマチュアのトップゴルファーはこの比率が2:1〜3:1に減少します。そしてアベレージゴルファーは2:1〜1:1となり、経験の浅いゴルファーは1:1〜1:2となって、むしろ「実行領域」にいる時間のほうが「イメージ領域」にいる時間よりも長くなってしまうのです。これではナイスショットなど望めません。

ショットに与えられた時間には限りがあります。その限られた時間をできるだけ「イメージ領域」にいる時間に多く配分してください。

「イメージ領域」にたっぷり時間をかけてこれから自分が打つボールを止める場所とボールの軌道をイメージしてください。そしてそのなかから最適のイメージを決断して「実行領域」に入ってアドレスをとり、常に同じリズムでスイングを開始すればよいのです。

「実行領域」では、プリショット・ルーティンだけでなくスイングのリズムやテンポは極力同じようにすべきです。

ただし、「イメージ領域」では、イメージと決断にかける時間は柔軟性を持たせるべきです。トラブルショットのときは入念に時間をかけて、反対にフェアウェイセンターの絶好の位置にボールがあるときには、あまり時間をかけずに「実行領域」に移動しましょう。

「イメージ領域」では柔軟性を持って最良の決断をするため、イメージと思索を張り巡らせましょう。そして一端「実行領域」に移動したなら、最大限あなたの感性を働かせて正しいスタンスと構えをとって、本能に従った身体運動に徹すればよいのです。

ショットの結果よりも、イメージと決断の作業と実際のスイングがそのイメージにマッチしていたかどうかをチェックすることを楽しめたら、あなたはひとつ進化したことになります。この本で私が強調したいのは、そこにあるのです。

実は、プリショット・ルーティンは「イメージ領域」から始まっています。これから打つべき領域に視線を固定しながら1~2回素振りをしてイメージと決断を実行します。そしてアドレスに入ったらいつもと同じようなあなた固有のリズムを維持しながら、バックスイングを開始してほしいのです。

■ミスショットを徹底的に退治しよう

ゴルフというゲームは、ナイスショットを増やすゲームではありません。ミスショットを減らすゲームです。

ゴルフというゲームには、野球のような大逆転を演じる満塁ホームランも、一瞬でポイントを奪取するテニスのサービスエースも存在しないのです。つまりゴルフは一打一打の積み重ねによって判定されるゲーム。280ヤードのドライバーショットも一打なら、30センチのショートパターも一打なのです。

ミドルホールまで2打でグリーン周りまで寄せたにもかかわらず、苦手のバンカーに入れてしまったため、そこから味わう悲劇をあなたも必ず何度か経験しているはずです。バンカーから脱出するために3ストロークを要し、そのショットがホームランして反対側のガードバンカーにつかまり、そこから脱出するのに2ストロークかかり、やっとグリーンに乗ったも束の間、さらに3パット。

結局バンカーに入れなければそのホールをボギーで上がれたはずなのに、10打も叩いてしまった。アマチュアゴルファーなら、そんな経験が何度もあるはずです。

とにかくゴルフでスコアをまとめたかったら、なんとしても大叩きしないこと。

徹底して一打にこだわり、執着心を持ってそのときできるリスクを最小限にする具体策を探り、1ストロークでも縮める最大限の努力を積み重ねる。ゴルフで上達したかったら、そういう心構えをするしかないのです。

この本で強調している脳のイメージング機能を活用して真剣にゴルフに取り組めば、驚くほどスコアアップを実現してライバルを驚かせることができるのです。


再三この本の中で触れていますが、あなたがスコアアップしたかったら、いま保有しているスイングをひたすら信じること。


その上で心のタンクに自信を満タンにして、これから打つべきショットのイメージを最大限働かせましょう。そうすればあなたの脳は自動的に完璧なショットを打つためのプログラムを作成してくれるのです。

もしもあなたの平均スコアが１００なら、ゴルフのラウンドでは、１００回そのことを試す機会が与えられるのです。最高の心理状態でイメージをしたあと、淡々とプリショット・ルーティンとポストショット・ルーティンを繰り返しながら、ショットを積み重ねる。

そのためにも、普段からあなたのゴルフ脳を最高の状態にチューンアップしておくことが不可欠なのです。

そのためには、この本で後ほど述べるゴルファーのための「瞑想法」と「呼吸法」(173ページ〜)を実践して、日常習慣に組み込みましょう。そうすれば、あなたのゴルフ脳は最高レベルのイメージング機能を発揮して、スコアアップに貢献してくれるのです。

あなたの持っている「練習すれば必ず上達する」とか、「スイング改造が上達の近道」といった迷信をまず取り払ってください。

すでにあなたの脳内にはあなたが成し得ることのできる「最高のゴルファー」が存在するのです。あとは、いかにしてその最高の自分に巡り合うかということです。

■イメージトレーニングを実践しよう

脳の持っているすごい機能を私たちは十分に活用しているとは言えません。理想的なスイングについて語られている専門書や雑誌が巷に溢れているにもかかわらず、ゴルフを上達させてくれる脳の機能について書かれた専門書がほとんど見当たらないのは、不思議な現象です。

ほんのひと握りのチャンピオンだけしか、この脳の機能を活用できていないのです。だから彼らは素晴らしいパフォーマンスを発揮できるのです。タイガーやロレーナだけにその機能を独占させるのは、あまりにももったいないことです。

あなたにもすでに彼らに負けないすごい潜在能力が存在するのです。そのなかでもゴルフの上達に貢献してくれる機能。それが脳の持つイメージング機能です。

プロトーナメントの中継は、脳のイメージング機能を活用する絶好のチャンスです。トーナメントはたいてい優勝争いをしているプレーヤーを追い続けますが、優勝戦線から見放されている一流プロのスイングも必ずその日のハイライトとして見せてくれます。

まずトーナメント中継を録画しましょう。そして暇を見つけて、彼らのスイングをただ観戦するだけでよいのです。大切なことは、あなたの脳のイメージング機能に模範的なスイングを記憶させるという意識を持つことです。

ただトーナメントの優勝争いの行方を追うだけでなく、彼らのパフォーマンスを脳のイメージ記憶として焼きつけましょう。可能なら、あなたが一流プロになったつもりで観戦すればよいのです。

次に、たとえばいま打ったタイガーのショットを、目を閉じて脳裏に思い浮かべてほしいのです。この出力作業がないと脳はその画像を鮮明に記憶してくれません。

入力作業を終えた直後にその画像を出力させる。その作業こそ脳のイメージング機能を活用するためには不可欠なのです。

とにかく入力したあとすぐに目を閉じてそのスイングを再生してみましょう。たとえ鮮明な画像が浮かび上がってこなくても構いません。あなたが入力・出力作業を繰り返すことにより、記憶のネットワークが強固に構築されるのです。

人間の脳は自分が興味のある事柄を特に鮮明に脳内に記憶させる機能を有しています。私はこれを「脳の特異性」と呼んでいます。

たとえば、将棋の羽生善治棋士は将棋におけるイメージ記憶能力は飛び抜けていますが、それ以外の記憶能力は私たちとそれほど変わらないのです。トランプの神経衰弱を羽生さんにやらせたら、私たちが彼を打ち負かすこともできるはずです。

あるいはイチロー選手にゴルフをやらせたら、私たちアマチュアとまったく変わりません。「脳の特異性」により、イチロー選手は野球だけに素晴らしい才能を発揮できるのです。

最近の研究では、脳細胞のなかには、ひとつの作業を専門に行っている細胞が存在することが判明しています。

たとえば、顔の記憶だけに専念している「顔記憶細胞」というのが存在します。もっと言えば、おばあさんの顔だけを記憶している細胞と赤ちゃんの顔を記憶している細胞は違うのです。つまり「おばあさん顔細胞」には、赤ちゃんの顔を記憶する機能が備わっていないのです。

反対に「赤ちゃん顔細胞」はおばあさんの顔を記憶できないのです。つまり脳細胞は驚くほどの機能の細分化がなされているのです。

このように、記憶細胞はひとつのことにのみ専念しています。これをゴルフに言い換えると、どうなるでしょう？

これは私の推測に過ぎませんが、たとえば「ドライバースイング細胞」と「5番アイアンスイング細胞」は明らかに違うはずです。

話は少し横道に逸れましたが、とにかくタイガーのスイングを注意深く観察して、その直後にいま見た数秒間のスイングを彼になったつもりで目を閉じて再生してほしいのです。

彼のスイングをただ観賞するだけでは、長期記憶としてその画像が脳細胞に焼きつけられることはありません。必ずその画像を出力させる作業が必要なのです。

■脳の「イメージング機能」を徹底的に活用しよう

それではここで、画像を出力させる作業について簡単に解説してみましょう。私が指導しているツアープロには、トーナメント終了後にすべてのホールでのプレーをイメージとして再生する作業を励行してもらっています。

いま終えた3時間以上のラウンドの、すべてのショットを10～15分間かけて脳裏に蘇らせてもらう作業です。特にミスショットについては、最高のショットを頭の中で打ち直してもらうのです。

私が「イメージラウンド」と呼んでいるこのトレーニングを、必ずラウンド終了後、入浴後のリラックスした状態でクラブハウスのロビーで目を閉じながら行ってください。

もちろんなかには思い起こすことのできないショットがあるはずです。それはそのまま放っておいてよいのです。経験を積み重ねるうちに見事にすべてのショットを鮮明に思い浮かべる能力が身につきます。あなたの脳のイメージング機能が向上した証です。

これはちょっとした「すきま時間」や通勤電車でやれる作業です。本書に特別収録されている小田孔明プロの連続写真を繰り返し脳裏に刻み込んでください。それだけで自然にあなたのスイングは改良されるのです。

同時に、小田プロのスイングイメージを思い起こしながら、練習場でショット練習を繰り返してください。効率的な練習ができるはずです。つまり、あなたのショットに小田プロのショットがミックスされて簡単にあなたのスイングは改良されるのです。

それだけでなく、私が強調するスイングの再現性までレベルアップするのです。その結果、いままで量産していたミスショットの数が減少し、それがナイスショットに置き替わるはずです。

この一連の作業を日常習慣に組み入れることにより、最終的に脳はあなたのスイングと小田プロのスイングの見分けがつかなくなるはずです。

もちろん、あえて意図的にスイングを変えるという意識ではなく、「脳が自然にスイングを変えてくれると」いう意識でこの作業を根気よく繰り返してください。

ただひたすらなにも考えないで特別収録の小田プロのスイングの連続写真を観察し、それを脳で再現する入力・出力作業を繰り返せばよいのです。もちろん、あなたのスイングをデジタルカメラやビデオカメラで撮影して、同じように繰り返し観察する作業も大切です。

とにかくなにも考えずに模範スイングとあなたのスイングを繰り返し観賞する習慣を身につけてください。それだけで、脳がふたつのスイングの相違を自動的に見つけて補正してくれるのです。

右脳のイメージング機能を活用したスイングの改良こそ上達の切り札なのです。

■プリショット・ルーティンを確立させよう

実はあなたの多くのミスショットの原因はショットそのものにあるのではなく、ショット前の仕草にあることが多いのです。その証拠に、だれでも目の冴えるような見事なナイスショットを打てた経験があるはずです。

つまり、あなたが集中モードになって、ショットのリズムやタイミングをうまくコントロールできさえすれば、アマチュアの人でもプロ顔負けのショットが打てるのです。

専門的にはショット前の一連の動作を『プリショット・ルーティン』と呼んでいます。メジャーリーグで大活躍しているイチローがバッターボックスに入るとき、必ずやる仕草があります。

右手に持ったバットをグルッと1回転させた後、左手で右肩のユニフォームを軽くつまむ動作です。この作業をすることにより、彼は自動的に集中モードに入っていけることを知っているのです。

タイガーにしても、すでに彼の体に染みついているプリショット・ルーティンを行うことにより、心理的に楽になれることを感じているはずです。これが心理学で言う「条件反射」という機能です。

つまり儀式のように決まった動作を毎回とることにより、脳は自動的に集中モードに入るプログラムを作成してくれるのです。

すでにフォームが固まっているショットそのものよりも、その前のプリショット・ルーティンに敏感になることにより、あなたもタイガーのように自然に集中モードに入っていけるのです。

それではタイガーのプリショット・ルーティンを検証してみましょう。プリショット・ルーティンは最適のクラブを抜いたあとからスタートします。

彼はバッグからクラブを抜いたあと、まずボールの後ろで1回素振りをします。次にボールの後ろから理想的なボール軌道をイメージに描いたあと、アドレスの位置に移動します。

この作業にかける時間は10~15秒。アドレスをとったあと、足を踏みしめながら5秒間かけてアドレスを完了し、3秒間かけてワッグルを完了させ、バックスイングを開始するのです。

表4の「プリショット・ルーティン確認用紙」にそれを示します。タイガーの場合、パターを除くほとんどのショットで、アドレスに入ってからバックスイングを開始するまでの時間は変わりません。

今度ゴルフ練習場に行ったとき、プリショット・ルーティンをしっかり確立する

■表4

プリショット・ルーティン確認用紙

（単位：秒）

① クラブをバッグから取り出す	（ 0 ）	（ 0 ）
② 素振りを1回完了する	（ ）	（ 6 ）
③ アドレスの位置まで移動する	（ ）	（ 15 ）
④ アドレスを完了する	（ ）	（ 20 ）
⑤ ワッグルを完了する	（ ）	（ 23 ）
⑥ バックスイングを開始する	（ ）	（ 25 ）

（数字はタイガーのプリショット・ルーティンにかける標準時間）

ことに努めましょう。

特別収録「MODEL SWING MINIBOOK」にも同様の表を掲載しましたので、できれば友達に時間を計測してもらいましょう。

プリショット・ルーティンに敏感になるだけであなたのショットは間違いなく安定するはずです。

■ ポストショット・ルーティンを洗練させよう

さてこのトレーニングと併用して実際のゴルフのラウンドで実行してほしいテクニックがあります。それが『ポストショット・ルーティン』です。

プリショット・ルーティンはすでに多くのゴルフ雑誌やゴルフの専門書で解説にされていますが、ポストショット・ルーティンは聞き慣れない言葉です。

ポストショット・ルーティンとは、「ショットを打ったあとの仕草」のことを言います。

この仕草はプリショット・ルーティンと同じくらい重要であると私は考えています。つまりメンタル面を安定させて次のショットに対する好ましい心理状態を維持するためにポストショット・ルーティンは不可欠な作業なのです。たとえショットの結果がどうなろうとも、ショットのあとをまったく同じ動作で締めくくりましょう。

あなたはトーナメントの中継でこんなシーンをよく見るはずです。たとえば、ツアープロがショットを打ったあと、フィニッシュをとりながらボールの行方を見続けたとき、それは大抵の場合、ナイスショットです。

一方ショットを打った直後に、フィニッシュから片手を離したり、打ったあとボールからすぐに視線をそらしてうなだれたとき、それはほとんどミスショットなのです。

つまりポストショット・ルーティンの重要性を理解していないツアープロが優勝争いに絡むことなどないのです。

タイガーですら、ときにはこのことの大切さを忘れることがあります。そんなときに、タイガーは優勝争いに絡むことはないのです。

しかし、ほかのツアープロに比べて彼はどんなときでも理想的なポストショット・ルーティンをとれるプレーヤーであることは、私の分析結果からも明らかです。

たとえあなたのショットがOBゾーンに消えていっても、ナイスショットと同じようなポストショット・ルーティンをとってほしいのです。

最高のフィニッシュをとりながら最後までボールを追う。それだけでなくどんなに惨めなミスショットでも、ナイスショットを打ったときと同じ表情を崩さない。これこそ大切な「パフォーマー・スキル」のひとつなのです。

「パフォーマー・スキル」がゴルフのスコアに大きく影響する。そのことの大切さを自覚しているアマチュアゴルファーは言うに及ばす、それを理解しているツアープロもそれほど多くないのです。

この本でも再三繰り返しているように、あなたはタイガーのショットの真似はできないかもしれませんが、タイガーのショット以外の堂々とした自信に満ちた態度はすぐにでも真似できるのです。

感情のおもむくまま、等身大の自分を演じているだけでは、上達などおぼつかないのです。それだけでなく、せっかくの楽しいはずのラウンドが楽しくないものになるのです。

あなたが打ったナイスショットもミスショットもどちらも同じあなたが打ったもの。ボールにはまったく責任はないのです。

ミスショットをしても淡々と最高のポストショット・ルーティンと自信に満ち溢れた表情を維持することこそ大切なメンタルテクニックなのです。

この本を読み終えたあなたは、パフォーマー・スキルが、おそらくショットそのものまで変えてしまうパワーがあることに気づくようになるはずです。

・ショットの落とし場所やボールの軌道をイメージしてください
・レベルの高いゴルファーはイメージに時間を割きます
・ラウンド終了後に、頭の中でイメージしてすべてのホールのプレーを再現してください
・プリショット・ルーティン、ポストショット・ルーティンをしっかり確立しましょう

3章　ゴルフ脳を洗練させるメンタルテクニック

■ゴルフは「シューティングゲーム」である

私はゴルフを「シューティングゲーム」と呼んでいます。なぜならゴルフと射撃はおどろくほど似通っているからです。あるいはダーツとゴルフも同じシューティングゲームです。

ここで少し射撃の話をしたいと思います。的の中心を射抜いたとき、多くの人々はそれを「完璧な射撃」と評価します。そして的を外したとき、それを「不完全な射撃」、あるいは「まずい射撃」と評価します。しかし、ほんとうにそうでしょうか?

私は射撃のテクニックに関して、的の中心を射抜いた射撃と的を外した射撃とはメカニズムはまったく同じであると考えています。ただ、銃口の向きが完璧ではなかっただけなのです。つまり引き金を引く動作だけを捉えてみると、どちらも完璧な射撃なのです。

つまり、的を外したときあなたが射撃において変えるべき要素は、引き金を引くテクニックではなく、銃口の向きを微調整することです。

これは脳のイメージング機能を駆使して繰り返し射撃練習を積み重ねるしかありません。ところが、もしもあなたが的を外した射撃の原因を、引き金の引き方のまずさであると考えたとき、あなたの銃が的の中心を安定して射抜くためには、もうひとつ変数を加えることになるのです。つまり、銃口の微調整だけでよかったはずが、もうひとつの複雑な因子を増やすことになり、あなたが目指しているはずのせっかくの上達を難しくしてしまうのです。

これはゴルフにもまったく当てはまります。もしもあなたがナイスショットを打てるなら、OBゾーンに消えていくショットのまずさはたぶんあなたのスイングのせいではなく、あなたのアドレスの向きや、インパクトにおけるクラブフェースの向きのまずさであると考えるべきです。ここが私の主張したい重要な論点です。

この点で、スイングそのものは関係ありません。むしろ、ボールと身体の位置のズレがミスショットを引き起こしている元凶である場合のほうが多いのです。

これは絶え間ない練習と感覚器官を鍛えて脳を研ぎ澄ませることにより、意外と簡単に矯正できるのです。

一方、長年身体に染み込んだあなたのスイングを変更することはリスクが多過ぎるし、そもそもそんなに簡単に自分本来のスイングを放棄することを脳が受けつけるはずなどないのです。まさにリスクの大きい、上達に反する行為と言えるのです。

そのためには、脳が保有しているすごい能力を活用して、視覚的な感覚に敏感になって、アドレスの補正をすればよいのです。あるいはクラブフェースの向きと軌道を少しだけ補正するだけで、ボールの飛んでいく向きとボールの軌道は劇的に変わるのです。

要は、あなたの脳を信じて、脳に仕事をさせる。それこそまさにメンタルトレーニングにおける最重要テーマなのです。あなたの脳はあなたにとっての最大の教師であるべき。それが私の信念です。

もう一度繰り返しましょう。すでにあなたは完璧なゴルファーなのです。

そう信じること。フォームを変えることをテーマにしてはいけません。いまあるスイングでスコアアップを目指す。そういう思考パターンに変えてほしいのです。

あなたはタイガーが考えているのと、同じくらい自分のスイングを信頼すべきです。それがスポーツ心理学者としての私が、ツアープロを含めたすべてのゴルファーに強調したい重要なポイントです。

確かに、あなたはタイガーのような完璧なスイングを保有していないかもしれません。たとえスイングに欠点があったとしても、目の前のボールをこれから打つとき、あなたは自分のスイングを100パーセント信頼しなければなりません。

たとえ1ラウンドでナイスショットを打つことが数回しかないハンディ30のゴルファーであっても、ティアップをした瞬間、自分のショットを信頼してアドレスに入るべきです。

ゴルフ練習場では、たとえミスショットの確率が高くても、これから自分が打つショットは必ずナイスショットになると確信してください。

あるいは、実際のラウンドでは、常に完璧な自分であることをイメージしてからアドレスをとりましょう。たとえミスショットを連発しても、次のショットは必ずナイスショットになると自分に言い聞かせましょう。

そういう思考パターンでショットに臨む。日々この習慣を繰り返すことにより、あなたはタイガーのような自信満々の表情で、ティグラウンドのアドレスに入ることができるのです。

その姿勢があなたのクラブから打ち出されるボールをミスショットからナイスショットに変えてくれる。そう信じてほしいのです。

もちろん一方で、自分に厳しく向かい合い、不完全なショットが出たら、練習場でそれを徹底的に封じ込めるためにショット練習を繰り返すことが不可欠です。ただし私が強調するように、意識的にあなたはスイングを変更する必要はまったくありません。

私が提唱する脳のイメージング機能を活用させるだけで、ミスショットがナイスショットに確実に変化していくのです。

■視線コントロールの重要性

『ゾーン』という最高レベルの心理状態が訪れたとき、ツアープロはすごいスコアを記録するのです。

たとえばアニカ・ソレンスタムが2001年のスタンダード・レジスター・ピントーナメントの第2ラウンドで59という驚くべきスコアを出したとき、彼女はまさにゾーンの状態にあったのです。

いま世界中で、多くのスポーツ心理学者がゾーンという心理状態の研究に明け暮れています。私もその研究者のひとりです。私は、自らのライフテーマである「チャンピオンの心理分析」というテーマと、20年以上にわたり格闘してきました。

そこでの大きなテーマのひとつが、「チャンピオンがときどき体験するゾーンをいかにして私たちアマチュアゴルファーが手に入れるか」なのです。

いま世界で最も注目されているツアープロのひとりはロレーナ・オチョワで間違いないでしょう。彼女が私たちにゾーンのヒントを教えてくれるのです。

彼女はツアープロの中でも、ヨガや瞑想に最も興味を持っているゴルファーのひとりです。彼女は実際のショット練習と同じように、自分のメンタルの極限を求めて積極的にこれらのトレーニングに励んでいるから世界ナンバーワン女子プロゴルファーに登り詰めることができたのです。

ヨガや瞑想は、彼女にとってトレーニングというよりは、むしろそれは日常生活の一部になっています。

この分野での先駆者、チャールズ・ガーフィード博士は数多くのプロスポーツ選手の分析をすることにより、「ゾーンの正体」を究明しています。ゾーン、すなわちピークパフォーマンス時特有の心理状態を**表5**に示します。

この心理状態こそ、まさにロレーナの心理状態に近いものだと私は推察するのです。彼女はどんな状況に陥っても常に冷静です。あるいは彼女は常にゴルフのプレーを楽しんでいます。

実は私たちもその気になれば、訓練次第でタイガーやロレーナ、あるいは数年前のアニカの心理状態に到達できるのです。

■ 表5

ピークパフォーマンスの羅針盤

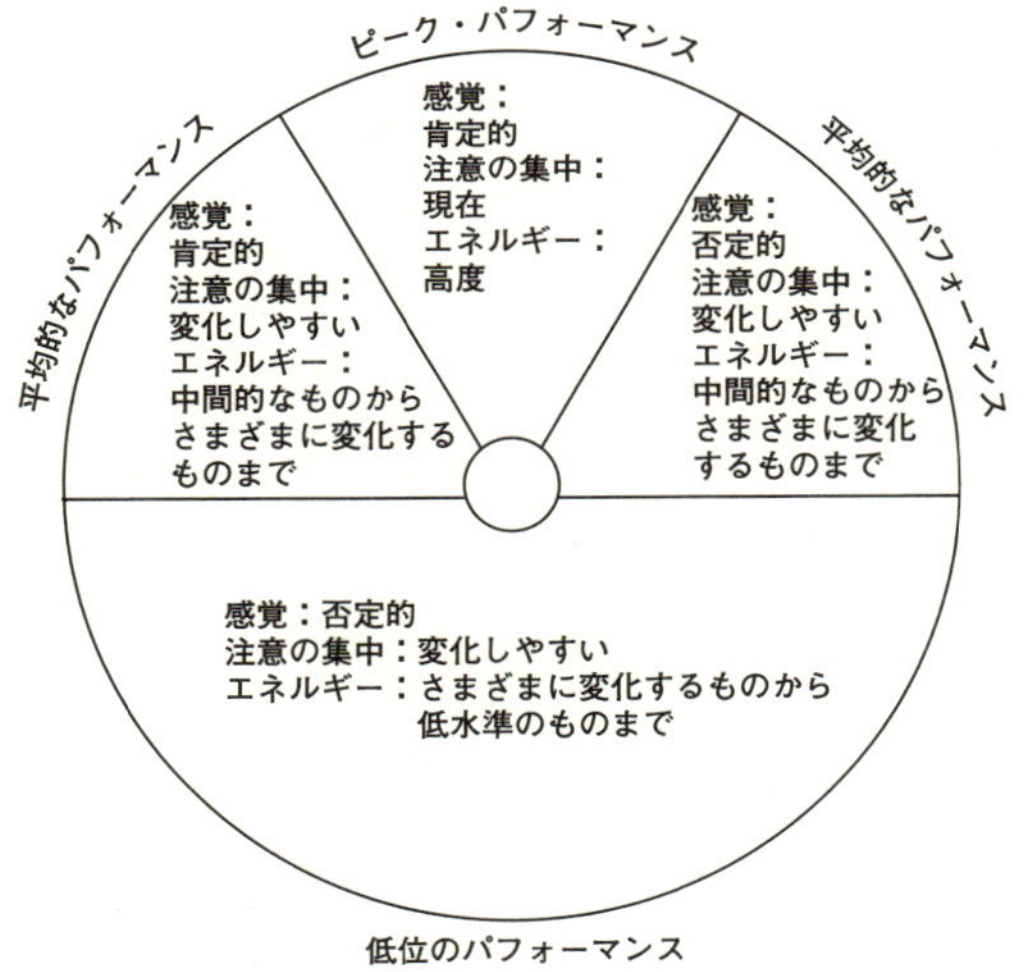

ピークパフォーマンス感覚の評価シート

カテゴリー	0	1	2	3	4	5	6	7	8	9	10
1．精神的にリラックスしている											
2．身体的にリラックスしている											
3．自信がある／楽観的である											
4．現在に集中している											
5．高いエネルギーを出している											
6．非常に高い認識力											
7．コントロールしている											
8．頭の中にいる											

そのキーポイントは「視線コントロール」と「瞑想」であると私は考えています。まず視線コントロールです。彼らの視線は常に完璧なまでにコントロールされており、決してキョロキョロせわしなく動くことはありません。

つまり視線がそのゴルファーの心の状態をわかりやすく示しているのです。

私は視線コントロールと深呼吸を併用するテクニックを開発して、日常生活やラウンドで多くのゴルファーに活用してもらっています。ゾーンを呼び込みたかったら、普段からこのふたつの要素をしっかりとマスターすること。

それでは簡単にやり方を紹介しましょう。まずゆったりとした気分で5～7秒間かけて大きく深呼吸してみましょう。

深呼吸において主役を演じるのは息を吐く作業です。まず最初に、口からゆっくりとしたリズムでお腹をへっこませながら息を吐き切りましょう。そうすれば、鼻から息を吸い込む作業が自然にできるのです。

息を吐く時間と息を吸い込む時間の比率は1:2が理想的です。まず4秒かけて息を吐き、2秒で吸い込む6秒深呼吸をマスターしましょう。このリズムなら、歩きながらでもできるのです。

この呼吸リズムと連動させて6秒間は視線を1カ所に固定しましょう。リラックスしてあぐらをかいて座り、1～1.2メートル先にゴルフボールを数字を手前にして置きます。

そのゴルフボールに印字してある数字を凝視しながら、ゆったりとした気分で息を吐いたあと、大きく息を吸い込みましょう。次に目を閉じて、やはり同じリズムで深呼吸しましょう。このテクニックをマスターしてください。

このトレーニングに慣れてきたら、徐々に呼吸のリズムを延長させていきましょう。1サイクルの深呼吸のリズムは12～15秒まで延長できるはずです。

このとき、頭のなかは空っぽにすることが大事です。もちろんゴルフのことが頭のなかに浮かび上がってくることがあるかもしれません。たとえどんな意識が浮かび上がってきてもそのままにしておけばよいのです。

可能なら起床と就寝前後の時間を活用して、ベッドの上で毎日少なくとも5分間かけて励行してみてください。

このトレーニングは通勤時や「すきま時間」を活用して、いつでもどこでもできるのです。同じようなリズムで呼吸しながら、なんでもいいから周囲の景色のなかの1点に視線を固定する習慣をつけましょう。

そして深呼吸の1サイクル毎に視線固定と閉眼を交互に繰り返してください。このトレーニングを趣味にしてしまえば、あなたもタイガーやロレーナが会得しているであろう瞑想状態になれます。当然あなたがゾーンを訪れる確率は確実に高くなるのです。

ゴルフのプレーでは、意外と持て余す時間がたくさんあります。特に週末の混んだコースでのプレーの待ち時間はイライラするもの。そんな時間を活用して、ほかのパートナーが雑談に興じているあいだにこのトレーニングを行えばよいのです。

私が「スーパー瞑想トレーニング」と呼んでいるこの瞑想法を実践することにより、あなたの脳はまさに最高レベルの状態に自然に調整されるのです。

もちろんこのトレーニングを習慣化することにより、ゴルフだけでなく、ビジネスにおいても大きな成果をあげることができるはずです。

「視線コントロール」と「深呼吸」を連動させたこの瞑想法があなたのゴルフに奇跡を

もたらすのです。

■視線コントロールに関心を持とう

それでは、「視線コントロールトレーニング」と併用して、実際のゴルフをしながら視線コントロールを洗練させるテクニックを伝授しましょう。

前にも述べましたが、ゴルフはボールを打つゲームというよりも、むしろ射撃やアーチェリーと同じように目標を狙うゲームです。

打ちたい目標を注視して、その目標を狙う強い意思を持つことがボールコントロールを高めてくれるのです。

これに関して、ベン・クレンショーやトム・カイトのコーチであった伝説の名インストラクター、バービー・ペニックは「死ぬ気で目標を定めよ」と説いています。

脳はあなたの視線が固定された領域に向けてボールを飛ばすプログラムを作成してくれます。

そのためには、ゆったりした呼吸を維持させながら、最低5~7秒間は1点を見つめる習慣を身につけましょう。アドレスの直前にボールの後ろに立ち、狙いたいフェアウェイやグリーンの1点とボールのあいだを少なくとも5~7秒間かけて視線をゆっくり走らせましょう。

タイガーはボールの後ろから少なくとも7秒間はこれから自分の打つボールが止まるスポットを見つめるルーティンを身につけています。そして球筋とボールを止める地点を決断したあと、目の前のボールに視線を固定しながら、アドレスをとるのです。

もちろん、バックスイングを開始するまで彼はボールとこれから狙うターゲット以外に視線を移動させることはありません。

同時に、視線を固定しながら、その領域に打つ球筋を言葉にしながらつぶやくことにより、脳のプログラムはより具体的なプログラムを作成してくれます。

たとえば、理想的なボール軌道を視線で確認しながら、「いま描いたボール軌道の上をボールが飛んでいく」と心の中でつぶやきましょう。ドライバーショットでは、「やや右ドッグレッグのホールだから、ドロー気味のボールでフェアウェイ左寄りに止める」とつぶやけばよいのです。

あるいは、第2打地点では、「ピンは深いガードバンカーのあるグリーン左側に切られている。しかしここは安全にグリーンセンターからやや右寄りをストレートに狙っていこう」とつぶやきましょう。

同様に、パッティングにおいても、カップとボールのあいだのライン上に視線を走らせながら、「ボールはいま描いたライン上を転がっていく」とつぶやいてください。

それだけであなたの脳は、描いたイメージ通りにボールを飛ばすスイングプログラムを作成してくれるのです。

表6に「視線コントロールを高めてくれる具体策」をまとめてみました。実は、視線コントロールはショットやパッティングのボールコントロールを高めてくれるだけでなく、平常心を維持させてくれるのです。

人は不安や緊張を感じたとき、自然に瞳孔がめまぐるしく動き視線が定まらない傾向があります。日頃から視線コントロールのテクニックを身につけておけば、不安や緊張を感じても、平常心でプレーできるようになるのです。

つまり視線コントロールのテクニックをトレーニングとしてだけでなく、日常生活のなかで取り入れるだけで、不安や緊張といったゴルフにおけるマイナス要素を抑え込んでくれるのです。

1日5分間でいいから、表6に示した具体的な習慣を日常生活に組み込んでください。

もちろんときどき思い出したようにこの習慣を実行するだけでは効果はありません。ちょうどイチロー選手がバッターボックスで1球毎に左手で右肩のユニフォームをたくし上げる動作をするように、視線コントロールをラウンドで繰り返し実行しながら無意識にできるまで持続させましょう。

そうすれば、あなたのボールコントロールは驚くほど高まるのです。

■最新の目標設定理論を理解する

あなたがスコアアップを実現したかったら、正しい目標設定水準に関する理論を学ばなければなりません。これに関して、目標設定に関する有名な実験により生まれた「マクルランド理論」を理解する必要があります。

ハーバード大学のデビッド・マクルランド博士は、輪投げの実験を行いました。学生

■表6

視線コントロールを高めてくれる具体策

1．手のひらの１点を10秒間見つめる

2．ドアのノブや部屋のスイッチに
10秒間視線を固定させる

3．机や窓の縁に沿って５秒間かけて視線を走らせる

4．ショットするとき５秒間かけて
ボールと目標のあいだに視線を走らせる

5．パッティングするとき５秒間かけて
ボールとカップのあいだに視線を走らせる

をいくつかのグループに分けて、彼らが輪投げに取り組んでいる際の目つき、仕草などをつぶさに観察して、どのグループが最も真剣に輪投げに取り組んでいるかを観察したのです。

ただし、彼はひとつのルールを設定しました。的までの距離はお互いにグループ内で議論して決めてよいというルールです。博士はすべてのグループに5回の試技をさせました。

その結果、輪投げに最も真剣に取り組んだグループは、5回の試技のうち3回的に入る距離に的を置いたグループだったのです。

つまり達成確率60パーセントの目標を掲げたときに、人間のやる気は最高潮になることが判明したのです。博士は輪投げだけでなく、さまざまなゲームで被験者（実験に選ばれた人たち）を変えて実験を繰り返しました。

その結果、すべてのゲームで最も真剣に取り組んだグループは達成確率50～70パーセントの水準に目標を設定したことがわかったのです。

つまり達成確率が50パーセントよりも少し高いところに設定することにより、人間のやる気は最高潮になるのです。あなたも次回ラウンドするとき、そのことを参考にして目標スコアを設定してほしいのです。

もうひとつの目安として、過去10ラウンドのあなたの平均スコアを7パーセント縮めるという目標が好ましいのです。

これに関して、アメリカのある大学のゴルフチームでの実験結果があります。総合的に同じ力量のいくつかのチームにメンバーは割り振られて実験が行われました。

彼らはラウンド前に自分の過去の平均データを参考に、グループ単位で統一した目標スコアを掲げてスタートしていきました。その結果、最もスコアを縮めたグループの目標は自分たちの過去の平均スコアを7パーセント縮めることだったのです。

それよりも低い目標を設定したグループも、あるいはそれよりも高い目標を設定したグループも、7パーセントスコアを縮めるという目標を設定したグループにはかなわなかったのです。

ただし、彼らが目標通りの7パーセントスコアを縮めたかというと、そういうわけではなかったのです。彼らはグループ全体としてスコアを約4パーセント縮めただけでしたが、これほどスコアを縮めたグループはほかにはなかったのです。

つまり平均スコアの7パーセントアップを目標にすることにより、やる気が最高潮に高まることが判明したわけです。

適正な目標スコアの設定の最大の目的は、そのスコアを達成するためにあるのではなく、最高の心理状態でプレーすることにあるのです。もしもあなたの平均スコアが100なら、目標スコアを93に設定してスタートしていってほしいのです。あるいは平均スコアが90のゴルファーなら、84を目標にしてほしいのです。

もちろんあくまでもこれはひとつの実験結果に過ぎません。ただしまったく目標スコアを設定せずにスタートしていくよりも、スコアを5～10パーセント縮めると宣言してスタートすることにより、モチベーションが上がって集中してラウンドできる自分を発見できるはずです。ぜひ参考にしてみてください。

■「目標設定用紙」があなたのスコアアップを実現してくれる

目標設定を持たないゴルファーはレーダーを搭載していない船のようなもの。ちょっとした悪天候に遭遇しただけで目的の港を見失って簡単に座礁してしまいます。

いくら才能があっても強烈な目標と願望を持たないツアープロが成功することはありません。目標を設定することが知的ゴルファーには不可欠なメンタルテクニックなのです。

いくら口では、「ベストスコアを出す！」と息巻いていても、目標スコアを設定しない限りよいスコアでラウンドすることはほとんど不可能です。

実は人間の意思と脳の目標は必ずしも一致しているわけではないのです。あなたがいくら意気込んでも、脳に数字で目標を設定してやらない限り、あなたの意思は空回りするだけです。

数字を入れることでやる気は確実に高まります。たとえば、ヨット部の選手のコーチが「ロープをもっとしっかり握れ！」と叫んでも、あまり効果はありません。

「あと10秒間ロープをしっかり握れ！」というメッセージに込められた「10秒間」という数字が選手のやる気を高めてくれるのです。

アテネオリンピックで見事2個の金メダルを獲得した競泳の北島康介選手は、記録を周りの人間やマスコミに公言することにより、自分のやる気が高まることを知っています。

たとえば、「北京オリンピックの100メートル平泳ぎの決勝でボクは必ず59秒フラットで泳ぐ」と公言することにより、「なんとしても公言した記録を達成してやる！」という意欲が沸いてくるのです。

だから、あなたがよいスコアでラウンドしたいと思ったら、「今日はベストスコアで回るぞ！」ではなく、「今日は85で回る！」と必ず数字を入れて目標を宣言すればよいのです。

そうすることより、やる気と集中力が高まり、スコアアップに貢献してくれるのです。

それでは実際に私が作成した**表7**の「目標スコア設定用紙」について説明しましょう。

日付、ゴルフコース名、目標スコアを実際に書き込んでからスコアカードにこっそり忍ばせておくのです。

特別収録「MODEL SWING MINIBOOK」にも同様の表を掲載してありますので、そちらを使用するのもよいでしょう。

そしてラウンド中、繰り返し目標スコアに目を通す習慣を身につけましょう。それだけで自然にやる気が高まるのです。

たとえ目標スコアが達成できない状況におちいってもガッカリしてはいけません。毎回目標スコアを記入して、この用紙をスコアカードに忍ばせてからスタートする習慣をつけることにより最高の心理状態でプレーする自分を発見できるはずです。

ラウンド後にシャワーで汗を流したあと、クラブハウスのロビーで実際のスコア、ラウンドの内容を記入しましょう。そしてその日のラウンドの感想を簡単に「反省欄」に記入すればよいのです。

この目標設定用紙を活用することにより、あなたの心のなかにやる気が満ち溢れ、スコアアップに貢献してくれるはずです。

■ 表7

目標スコア設定用紙

日付／２００＿＿．＿＿ ゴルフコース ＿＿＿＿＿＿＿＿＿＿

☆私は今日 ＿＿＿＿＿ のスコアでラウンドする

☆実際のスコア ＿＿＿＿＿

☆ラウンドの内容

バーディー ＿＿＿＿＿　パー ＿＿＿＿＿　ボギー ＿＿＿＿＿

ダブルボギー ＿＿＿＿＿　その他 ＿＿＿＿＿

☆反省欄

＿＿＿＿＿＿＿＿＿＿＿＿＿＿＿＿＿＿＿＿＿＿＿＿＿＿＿＿＿＿

＿＿＿＿＿＿＿＿＿＿＿＿＿＿＿＿＿＿＿＿＿＿＿＿＿＿＿＿＿＿

＿＿＿＿＿＿＿＿＿＿＿＿＿＿＿＿＿＿＿＿＿＿＿＿＿＿＿＿＿＿

＿＿＿＿＿＿＿＿＿＿＿＿＿＿＿＿＿＿＿＿＿＿＿＿＿＿＿＿＿＿

■「大叩き撲滅ノート」があなたのゴルフに奇跡を起こす

アマチュアゴルファーがスコアを崩す大きな原因は、特定のホールで大叩きをすることです。これに関して、あなたは『パレートの法則』を理解する必要があります。

この法則は、いまから約100年前にイタリアの経済学者、ヴィルフレード・パレートが発表した『80対20の法則』という論文で初めて明らかにされました。

パレートが、この法則に気づいたのは当時のイタリア国民の資産状況を調査しているときでした。その調査ではわずか20パーセントの人たちに資産総額の80パーセントが集中していたのです。

のちにこの不均衡なパターンは経済界のみならず、さまざまな分野にも適用できることが判明しました。たとえば、犯罪の80パーセントは20パーセントの犯罪者によって行われ、離婚件数の80パーセントを20パーセントの人たちが占めていたのです。

「この法則はゴルフにも応用できる」と、私は考えています。私が開催したゴルフセミナーの参加者に提出してもらったスコアカードを分析してわかったのですが、18ホールのうち悪いスコアを叩いた4ホール（18ホールのうちの約22パーセント）におけるオーバーパーしたスコアの合計が、その人のハンディに見合ったパープレーよりオーバーしたスコアのほぼ80パーセントを占めていたのです。

つまり悪いスコアを叩いた4ホールの原因を究明して大叩きしない作戦を立てさえすれば、大幅なスコアアップが望めるのです。

言い換えれば、ラウンドで苦手ホールのコースマネジメントを真剣に考えて次のラウンドに備えておけば、平均スコアは劇的に向上するのです。

この点で私たちはタイガーに学ぶべきです。彼のすごいところは、バーディやイーグルを数多く奪うことではなく、ボギーを叩かないという点なのです。

しかも、彼のもっとすごいところはボギーを叩かないことを自分に言い聞かせることにより、自然にバーディやイーグルが量産される事実を認識していることなのです。

つまりゴルフというゲームは、目の覚めるような素晴らしいショットを打つこと

よりも、ミスを最小限に抑えることの大切さを認識することが大切なのです。

これはあなたのゴルフにもまったく適用できます。アベレージゴルファーにとって、1ホールで大叩きすることは簡単でも、そのミスを挽回するためにパープレーを続けることはとても困難なのです。

もしもあなたがコースマネジメントに敏感になって大叩きの原因を究明して防止策を講じれば、意外と簡単に大叩きは防止できるのです。しかもそれだけでなく、あなたのスコアは飛躍的に縮まるのです。

私は**表8**に示す『大叩き撲滅ノート』を開発し、私が指導するツアープロに活用してもらっています。これはラウンドの反省を込めて、二度とそのホールで大叩きしないための用紙です。

大叩きしたホールの情報、及びホールとグリーンのレイアウトを記入します。初めてラウンドしたコースならコースマップを活用してください。

黒エンピツと赤エンピツを用意して、実際のプレーは黒エンピツで、打つべきだった理想のプレーは赤エンピツで記入してください。最後に大叩きした原因とその解決策を

4行の言葉にまとめましょう。

この本の70ページで解説しているイメージトレーニングを実践して、大叩きしたホールにおいてナイスショットを頭の中で打ち直す習慣を必ずつけてほしいのです。

それだけでなく、できるだけ早い機会に練習場で大叩きの直接の原因になったミスショットを忠実に再現して問題点を解決してしまいましょう。なお、特別収録「MODEL SWING MINIBOOK」にも同様の表を掲載してあります。

『大叩き撲滅ノート』を活用するだけであなたの平均スコアは驚くほど向上するのです。

■ 表8

大叩き撲滅ノート

☆ラウンドメモ

1．会場 ________　2．天気 ________　3．風 ________

☆大叩きしたホールのデータ

________ 番ホール　パー ________　ヤード ________

スコア ________　パット数 ________

ホールレイアウト　　グリーン

☆ 大叩きの原因とその解決策

____

____

____

____

・あなた自身のスイングを信頼し完成されていると信じましょう
・一流プロの領域「ゾーン」を体験してみましょう
・「視線コントロール」と「深呼吸」を習慣化しましょう
・スコアの7パーセントアップを目標にしてみましょう
・ミスを最小限に抑えたプレーヤーが上達できるのです

4章　これが最新のメンタルテクニック

■プレッシャーを味方につけよう

私はこれまでツアープロだけでなく多くのアマチュアゴルファーのメンタルカウンセリングを行ってきました。そのなかでゴルファーにとって最も関心の高い要素のひとつがプレッシャーへの対応法で、「プレッシャーがかかったとき、それを克服するには、どうすればよいのですか?」と多くのゴルファーから質問を受けます。

その質問に、私は「それはまったく不可能です」と答えることにしています。その前に、まず「プレッシャーの正体」について、正しく認識する必要があります。

スポーツ心理学では、プレッシャーとは「その本人がある状況を捉えて心の中に発生させる不安や恐怖」と定義されています。

しかし、チャンピオンはこの不安や恐怖を逆にエネルギーに変えてしまうのです。プレッシャーがかかったとき、チャンピオンは決して逃げません。彼らはプレッシャーをエネルギーに変えてそれを味方につける術を心得ています。

つまり、チャンピオンは、「プレッシャーがかかっているのは集中力が高まっている証拠」と考えることができるのです。

つまりプレッシャーがかかっていることを感じたとき、それは注意力が高まっている証拠なのです。

一方、並のゴルファーはプレッシャーを悪者扱いにして、必死の形相でなんとかその状況から逃げようとします。

始末の悪いことに、「プレッシャーがかかっている。どうしよう」とうろたえて、その状態から逃げようとすればするほど、プレッシャーはそのゴルファーに襲いかかるのです。その結果、不安を増大させて彼らから平常心を奪い取り、大叩きさせてしまうのです。

実は、過剰反応しなければ、プレッシャーはあなたの味方になってくれるのです。だから、プレッシャーがかかったときには、「これは集中しているよい兆候だ」と考えて普段通りのプレーを心掛ければよいのです。

考えてみれば、プレッシャーがかかるということは重要な局面であるはずです。プレッシャーのかからない状況でいくらナイスショットを打っても、いざというときには実力を発揮できません。もっと言えば、普段からできるだけプレッシャーを抱え込むような状況下で練習を積み重ねることが上達の近道なのです。

デービス・ラブ3世やトム・カイトのメンタルコーチを務めるアメリカ有数のスポーツ心理学者、ボブ・ロテラ博士は、「プレッシャーがかかったときに分泌されるアドレナリンは追い風のようなもの」と主張しています。

アドレナリンが飛距離を伸ばしてくれるのです。さらにプレッシャーがかかってアドレナリンが体内に分泌されるときほど集中力が高まるのです。

つまりプレッシャーがかかっているときほど危機管理能力が高まり、よいプレーができる確率が高いのです。

プレッシャーがかかったときに現われる「ドキドキ感」を楽しみましょう。

プレッシャーを抱えてプレーすることにとにかく慣れること。そうすれば、あなたはショットの飛距離と精度の両方を高めることができるのです。プレッシャーがかかっている状況を楽しむ心を持ってラウンドすることが大切です。

それでは、プレッシャー克服の具体策を紹介しましょう。プレッシャーを感じたとき、まず大きく深呼吸しましょう。それだけで簡単にリラックスできる自分を発見できるはずです。

プレッシャーのかかる状況におかれたとき、「プレッシャーがかかってきた。これはよいプレーができるよい徴候だ」と、プラス思考で考えてみましょう。そうすればピンチにおちいっても堂々とプレーでき、プレッシャーを感じなくなっている自分に気づくようになるはずです。

ショットがOBゾーンに消えても命をとられるわけではありません。スコアを忘れてこれから打つ目の前のショットに集中すれば、プレッシャーを味方につけてプレーに集中できるようになります。

プレッシャーのかからないゴルフ練習場でいくらナイスショットを打っても、実際のラウンドではそれほど役に立ちません。練習場では「一球入魂」の決意で自分にプレッシャーをかけて練習しましょう。

それだけでなく、普段からあえてよくない状況下で練習することをお勧めします。たとえば、マットの下に新聞紙をちぎって適当に丸めて入れ、悪いライでのショット練習に励めばいいのです。

そして実際のラウンドではピンチの状況になればなるほど、「この状況が上達する機会を与えてくれる」と考えましょう。

このように、ちょっとした工夫をしてプレッシャーのかかった状態を作り上げることで、上達速度は驚くほど高まるのです。

ここであなたがどれほどプレッシャーに強いかをチェックしてみましょう。以下の10の質問に答えてください。

□プレッシャー判定チェックリスト

1. プレッシャーは楽しむものと考えている（　）
2. ピンチになってもあまり動揺しない（　）
3. プレッシャーの克服法を知っている（　）
4. 難しいホールになるとファイトが湧く（　）
5. リカバリーショットが得意だ（　）
6. 大切なパットが外れても気にならない（　）
7. いつもリラックスしてプレーできる（　）

8. 結果に一喜一憂しない　（　）
9. プレッシャーがかかっても動じない　（　）
10. 目の前のプレーに全力を注ぐことができる　（　）

「はい」の数が8つ以上の人はプレッシャーに強い人です。ここで述べる解決策が必要ないか、あるいはすでに実践している人です。

「はい」の数が5～7個の人のプレッシャー耐性は標準並。プレッシャーにもっと強くなれば簡単にスコアアップできます。

そして「はい」の数が4個以下の人は、明らかにプレッシャーに対する弱さがプレーに悪影響を及ぼしています。

すべての項目で「はい」と答えられるような思考パターンでゴルフに取り組むことにより、あなたはプレッシャーを味方につけて、意外と簡単にスコアアップを実現できるようになるのです。

■ピンチを楽しむ心を持とう

「ピンチこそ上達の母」。私はこの言葉が大好きです。上達したかったら、「ピンチを楽しむ気持ちを持つ」ことです。私が指導するツアープロも含めて多くのゴルファーがピンチから逃げようとします。あるいはピンチに遭遇すると、意気消沈してますます泥沼にはまっていきます。

「ピンチを楽しむことなんてできない」。普通の人間なら当たり前の心理状態かもしれません。しかしそれではゴルフは楽しくないし、上達も望めないのです。

あなたのゴルフに対する取り組み方をちょっと変えてみましょう。私は指導するツアープロに、「ピンチになればなるほど元気になりなさい。あるいはゴルフの最大の面白さはピンチを見事に克服する醍醐味にあることを自覚しなさい」と、日頃から繰り返し強調しています。

そこで思い出されるのは、アメリカの中堅プロとして長いキャリアを持つチップ・ペックのエピソードです。

彼はプロトーナメントでボールを林のなかに入れるたびに、「これだからゴルフは止められない」とつぶやいて、意気揚々とした態度でリカバリーショットをするために林のなかへ消えていったのです。

ピンチに遭遇したら、「よし、このピンチを見事に切り抜けてやる」とファイトを燃やしながら最高の心理状態でショットに全力投球する。この心構えが好結果を生むのです。

たとえば、あなたがティショットを打ったあと第2打地点に行ってみると、ライの悪いところにボールが止まっていたとします。こんなとき、「今日はなんて運が悪いんだ」と嘆いてはいけません。そんな心理状態のままアドレスをとったら、ショットする前からミスショットが保証されているようなものです。

そんなときには、「上達する機会が与えられた」と考えを変えてみることです。ディボットに入っていたらコースに感謝、深いラフにボールが沈んでいたらコースに感謝。ピンチの状況に巡り合えたことは、むしろフェアウェイをキープしてスイスイとプレーが進むことよりも大事なことなのです。この気持ちを持つことが、ゴルファーとしてのあなたを成長させてくれるのです。

実は私たちがスコアを崩す原因は、大抵の場合、悪いライや打つのが困難な状況によってではありません。不運を嘆くマイナスの心理状態でボールを打つためにミスショットが生まれることのほうがずっと多いのです。

潔く「ピンチから逃げる」という考えを捨てて、「ピンチを精一杯楽しむ」という発想に切り替えることが、あなたをメンタル面でひとつ成長させることになるのです。

私はこれまで多くのゴルフセミナーの講師を務めてきましたが、そこで必ずする質問があります。

「グリーンを狙うミドルホールの第2打で、フェアウェイセンターから打つときと深いラフから打つときとを比較した場合、あなたはどちらのほうがよい心理状態でボールを打てますか?」という問いです。

ほとんどのゴルファーが前者のほうがよい心理状態でボールを打てると答えます。しかし、それでは深いラフからナイスショットなど望めません。もしもタイガーやロレーナに同じような質問をしたとき、彼らはたぶんこう答えるでしょう。

「ピンチから逃げる」という考えを捨てて、「ピンチを精一杯楽しむ」という発想に切り替えるだけでトラブルショットを克服できるようになるのです

「どちらの場合も、私は同じ最高の心理状態でボールを打つことができる」

なぜあなたの答えは前者であったのか？　それはいまあなたが打ったティショットの結果があなたの心理状態に大きな影響を及ぼしているからです。素晴らしいドライバーショットを打ったあとのフェアウェイセンターから打つ第2打における心理状態は良好です。

一方、よくないティショットを打ってしまうと、第2打をよくない心理状態で打つハメになるのです。しかし、このようなメンタルテクニックの欠如した心理状態でプレーしている限り、スコアアップは臨めません。

ピンチになればなるほど良好な心理状態でショットに臨む。そういう心構えが必要なのです。これは決して難しい心理テクニックではありません。

どちらも、あなたが同じクラブで打ったティショットです。えこひいきしてはいけません。

思考パターンを少し変えるだけで、どんな状況でもあなたにとっての最高の心理状態でアドレスに入ることができるのです。

表9の「ピンチを切り抜けるメンタルチェック用紙」をコピーしてラウンド前のクラブハウスで7つの項目にしっかり目を通して、必ず「はい」の項目に○をつけてからラウンドをスタートさせましょう。

それだけであなたはピンチを見事に切り抜けることができ、素晴らしいスコアでホールアウトする自分に気づくでしょう。

■コントロールできることに全力を尽くす

ラウンド中、すでに終わってしまったことをくよくよ考えてはいけません。「覆水盆に返らず」。過去のプレーやスコアのことをいまさら考えてみても、もはや仕方のないことです。

私が指導するツアープロを含めてほとんどのゴルファーが、プレーを終えたホールのスコアのことをよくよく考えるあまり集中力が低下して、それ以降のプレーに悪影響を与えてしまっています。

■ 表9

ピンチを切り抜けるメンタルチェック用紙

以下の言葉をよく読んで「はい」を○で囲んでください。

1．ピンチになると途端に元気になれる
はい　　　いいえ

2．ライが悪くてもよい心理状態でプレーできる
はい　　　いいえ

3．リカバリーショットをすることが大好きだ
はい　　　いいえ

4．難しいパットをすることが楽しくて仕方がない
はい　　　いいえ

5．「不運は必ずしも悪くない」と考えられる
はい　　　いいえ

6．ピンチになってもスコアアップに全力を尽くせる
はい　　　いいえ

7．ピンチが自分のゴルフを育ててくれると考えられる
はい　　　いいえ

すでに終わってしまった、自分の思うままにならない要素と無駄な格闘をすることにより、スコアを崩してしまうのです。

あなたは自分がコントロールできない要素に過剰反応することがマイナスになることをしっかりと自覚する必要があります。

これも大切なメンタルテクニックなのです。

コントロールできない典型例がラウンド当日の悪天候です。「雨が降って嫌だな。今日はスコアを崩してしまうかもしれない」と考えたら、必ずスコアは崩れます。

そんなときには、「今日のコンペでは全員がこの雨のなかでプレーする。それなら雨天を思い切り楽しんでプレーしてみよう」と考えるべきなのです。

これに関して、日本を代表するツアープロである青木功プロはこう語っています。

「若い頃は雨が降ると『スコアが崩れるからイヤだな』という気持ちが先に立ってプレーしていた。ところがそう考えたらプレーに支障をきたす。そこで、あるとき『雨を自分の都合のいいように利用してやれ』と思ってプレーしたら上手くいった。そう考えるようになってずいぶん気持ちよくプレーできるようになった。天気やコースを征服なんてできない。少し自然に近づいたなと思えることが進歩と言える。近づくことこそできても、追い抜くことなどできないからだ」

雨の日のグリーンではほとんどのゴルファーが「ボールが走らないから難しい」と考えてしまいます。ところが青木プロは「水は芝目よりもきつい。だからこそ、ややこしいラインを気にせず打てる」と前向きに考えて、成功を導き出しているのです。

たとえば、アゲンストの風なら「ボールが飛ばない」と考えるのではなく、「グリーンにボールがピタリと止まる」と考えればよいのです。

あるいは深いラフに潜り込んでいるボールを見て、「なんて今日はついてないんだ」と不平を言わずに、「リカバリーショットを試す絶好の機会だ」と前向きに考えればよいのです。

コントロールできないことに意識を払わず、よくない状況でも前向きに考えて自分がコントロールできることだけに専念すれば、驚くほどプレーに集中できてスコアアップに貢献してくれるのです。

良好な心理状態でプレーするためには、ラウンド前に「なにがコントロールできて、なにがコントロールできないか」についてしっかりと頭の中に叩き込んでおく必要があります。

表10に示されたいくつかの要素についてコントロールできるなら○、コントロールできない要素なら×を（ ）の中に記入してください。

10項目のうち9項目以上正解なら、あなたはすでにこのことに関して習熟しているわけですから問題はありません。

6〜8項目正解なら及第点。そして正解が5項目以下ならあなたはコントロールできないことに意識を払い過ぎてスコアを崩している可能性があります。

いますぐコントロールできる要素とそうでない要素をしっかり頭の中に叩き込んで、ラウンド中にはコントロールできる要素だけに意識を払いましょう。そうすることにより、あなたは案外簡単にスコアアップを実現することができるのです（解答は152ページに記載してあります）。

■表10

コントロール要素確認用紙

以下の質問に対してあなたがコントロールできると思う要素には○を、できないと思う要素には×を（　）の中に記入してください。

1.（　）喜怒哀楽の感情

2.（　）その日のパートナー

3.（　）ボールのライ

4.（　）クラブ選択

5.（　）ピンの位置

6.（　）自分のスイング

7.（　）コースレイアウト

8.（　）グリーンのどこを狙うか

9.（　）前のホールのスコア

10.（　）パットのラインを読む

■自信の量を増やすテクニックを身につけよう

同じ力量でも、自信を持ってプレーするゴルファーとそうではないゴルファーとでは、上達速度がまるで違うのです。

私が指導するツアープロも含めて、多くのゴルファーが結果により自信が左右されると思い込んでいます。それはまったく間違っています。それが事実としたら、ツアープロは優勝するまで自信が持てないことになります。

たとえ毎回予選落ちを繰り返しても、思考パターンをうまくコントロールすれば、自信を深めていけるのです。

これはアマチュアゴルファーにも、まったく当てはまります。多くのゴルファーはスコアに一喜一憂することにより、自信の量はジェットコースターのように激しく上下します。

ラウンドのたびに大きく変動するスコアによって自信の量が左右されるとしたら、スコアアップなんて望めないのです。まして、進歩することなど不可能です。

ミスショットをしようが、ナイスショットを打とうが、自信の量は変化してはい

けません。

自らのスイングを信頼して、これから打つショットを最高のものにすることにのみ意欲を注ぐ。そしてそのショットの結果がどうであれ、気持ちを切り替えて自信を持って次のショットに臨む。

そういう思考パターンを貫けば、案外簡単に真の自信とはどういうものかがわかるのです。

たとえパーオンさせる確率が20パーセントの力しかなかったとしても、ショットするときには「100パーセント自分の打ったボールはグリーンに乗る」と言い聞かせてアドレスに入りましょう。この考え方が自信そのものなのです。

こう考えたあとショットをして、たとえグリーンにボールが乗らなかったとしても、まったく気にすることはありません。もはやそれはあくまでも過去の結果に過ぎないわけですから、無視すればよいのです。

つまり、あなたに真の自信を与えてくれるのはよいスコアではなく、ゴルフに対

する取り組み方や将来への上達指向といった正しい思考パターンであることを理解すべきなのです。

それでは具体的に自信の量を増やすテクニックについて解説してみましょう。**表11**に「自信の量を増やす5つのテクニック」をまとめました。

このテクニックをラウンドのときだけでなく、練習場でも実行してください。もう一度繰り返しましょう。結果があなたに自信を与えてくれるのではなく、あなたの考え方をちょっと工夫して自信の量を増やすテクニックを実行するだけで簡単に自信は身につくのです。

「自分は毎日上達している」という信念を持ってそこに意識を集中して練習に励めば、だれでも自信が持てるようになるのです。結果指向ではなく、プロセス指向を貫くことこそラウンド中に自信を維持させるテクニックなのです。

日頃から自信の量を増やすテクニックに敏感になって、それをメンタル・ルーティン（精神的な儀式）として実行することこそ、自信を高める大きな武器になるのです。

■表11

自信の量を増やす５つのテクニック

1.「自分は毎日上達している」と、繰り返し唱えよう

2. 結果をすべて冷静に受け入れる
思考パターンを身につけよう

3. ショット前に「最高のショットを打つ」と
断言してアドレスしよう

4. チャンピオンのように堂々とフェアウェイを歩こう

5. ミスショットをしてもすぐに
次のショットに気持ちを切り替えよう

■結果志向を忘れてプロセス志向に徹しよう

アマチュアゴルファーの問題点のひとつが、ラウンド中にスコアに過剰反応すること。スコアをコントロールできない以上、そのことを意識しても、よい結果なんて得られるわけがないのです。

しかも、たとえば出だしの1番ホールでトリプルボギーを叩いたとき、スコアに過剰反応するゴルファーはその日1日が楽しくなくなります。一端ゴルフコースに出たなら、スコアのことはとりあえず心のなかにしまい込んで、とにかく目の前のプレーに没頭すること。

ゴルフコースでコントロールできるのは、スコアではなくあなた自身のプレーであることをしっかり自覚しましょう。

これに関してアメリカのブルーナーという心理学者が行った興味深い実験結果があります。彼は小学校の生徒に立ち幅跳びの記録に挑戦させました。まず1回目に全員に立ち幅跳びをさせました。

次に2回目の立ち幅跳びをさせる前に、ふたつのグループに分け、異なる目標を立てさせました。

「記録を意識する」という目標を持ったグループと、「最高の立ち幅跳びをすることだけに意欲を注ぐ」という目標を持ったグループです。1回目と2回目の記録の伸びを比較した結果、明らかに後者のほうの記録が伸びたのです。

私がメンタル面で指導している何人かのツアープロには、「スコアを忘れて最高のプレーをすることに全力を尽くしなさい。『ホールアウトして気がついたら自分でも驚くほどのすごいスコアで上がっていた』。この心境になれたら、あなたは一人前のツアープロです」と繰り返し強調しています。

ゴルフというスポーツは、ボクシングのように自分の手で相手をノックアウトすることはできません。あるいは、野球のようにサヨナラホームランで一気に勝負にケリをつけることもできません。

うまくなりたかったら、コントロールできないスコアのことは忘れて自分のスイングを信じて1打1打最高の心理状態で丁寧にプレーしていくしかないのです。

現実に「スコアを忘れてプレーしろ」と言われても、自分のプレーに100パーセント没頭することはなかなか難しいものです。しかし、テクニック次第でスコアを忘れて驚くほどプレーに没頭することができるのです。

たとえばティグラウンドに上がったら、心のなかで「スコアを忘れてプレーに没頭しよう」と唱える習慣をつければ、言葉がきっかけになって条件反射的にプレーに没頭できる自分に変えていけるのです。

あるいは、次のショットに移動するあいだに思い切りリラックスすることにより、次のショットの際に自然に集中できるようになるのです。

同時に、そうすることにより、プレーをコントロールする右脳が目一杯働いて、スコアを意識する左脳の働きを封じ込めてくれるのです。

表12に「スコアを忘れる5つのプレーテクニック」を表示しました。この表も、特別収録「MODEL　SWING　MINIBOOK」に同様のものを掲載してありますので、携帯するようにしましょう。ラウンドする前はもちろん、普段からこの表の言葉

■ 表12

スコアを忘れる5つのプレーテクニック

1． ティグラウンドに上がったら
「スコアを忘れてプレーに没頭しよう」と唱えてみよう

2． コースの景色を目一杯楽しもう

3． クラブのインパクト音や、
ボールがカップに入る音に敏感になろう

4． 風の感触やグリーンの固さに敏感になろう

5． フェアウェイを歩くときは
パートナーやキャディさんと談笑する習慣をつけよう

を読み上げて頭のなかに叩き込んでおくのです。そうすれば簡単にスコアを忘れてラウンドに没頭する自分を発見できるはずです。

メンタルテクニックを駆使してスコアを忘れてプレーできる心理状態を確立することが、あなたのスコアアップに大きく貢献してくれるのです。

■図太さをしっかり身につけてスコアアップを目指そう

いま女子プロゴルフ界で注目されている横峯さくらプロに関するあるエピソードをご紹介しましょう。彼女が初優勝を飾った05年ライフカードレディスにおいてのエピソードです。プロ転向10試合目で彼女は見事初優勝を果たしたのです。

最終日単独首位でスタートしたものの、16番ホールではアプローチに失敗してボギーを叩き、この時点ですでにホールアウトしていたジュリー呂に1打差となり、首位を明け渡しました。

ところが、ここでズルズルと引き下がらないところが横峯プロの真骨頂。残り2ホールで連続バーディを奪い、逆転優勝を飾ったのです。

実は、優勝を決める最終ホールの80センチのバーディパット直前、この日久しぶりにバッグを担いだ父・良郎さんに向かって横峯プロは「すごい緊張する」と打ち明けます。

ここで間髪を入れず、良郎さんは彼女に向かって、「じゃ、外して（プレーオフで）もう一度観客を楽しませるか」とささやきました。

開き直りを呼び起こすこのひと言が横峯プロをリラックスさせ、優勝を決めるバーディパットをいとも簡単に決めさせたのです。

実は2年前、私はあるゴルフ雑誌のインタビューで良郎さんを交えて横峯プロと対談をする機会を持ちました。そこで横峯プロが私に打ち明けてくれたのは、「自分はショットの最中にカメラのシャッター音やギャラリーのざわつきなんか全然気にならない」ということでした。

良郎さんとの二人三脚のなかで、横峯プロは精神的なたくましさと図太さを身につけていたのです。良郎さんが彼女にプレッシャーをかけ続け、それを自然にはねのけたり、左から右に聞き流すテクニックを彼女は自然に身につけていったのです。そういう意味では、彼女の成功は良郎さんの存在なくして語ることはできないのです。

私はゴルフだけでなく、スポーツ界の多くのチャンピオンの心理分析をしていますが、チャンピオンの共通点はこの図太さに尽きるのです。

たとえば、ミドルホールであなたの打った第2打が見事にピンそばに寄り、プレッシャーのかかった1メートルのバーディパットが残ります。

「これを決めなければ……」と意気込むからプレッシャーがかかり、カップを外す確率が高くなるのです。

あなたが図太さを身につけたかったら、結果に過剰反応することなく、開き直ること。プロセスを大事にして、「別に外れてもよい。普段通りのストロークを心掛けよう」と開き直ってアドレスに入ればよいのです。

それだけでどんな局面でも驚くほど冷静な精神状態でアドレスに入ることができるのです。

それでは、ここであなたの図太さをチェックしてみましょう。図太さを身につける近道はありません。プレッシャーを抱え込む機会をできるだけつくり出してそれを楽しむことです。

横峯プロが良郎さんに数限りないプレッシャーを与えられて、それをはねのけるたくましさを身につけたように、自ら進んでプレッシャーをつくり出しましょう。

表13は私が考案した「図太さチェックリスト」です。5つの質問に対して素直な気持ちで答えてください。

あなたの答えが「はい」に近いなら左寄りの数字を、「いいえ」に近いなら右寄りの数字をその程度に応じて○で囲んでください。全部チェックし終わったら○を囲んだ数字の合計点を記入しましょう。

20点以上獲得した人は図太さがあなたの武器になっています。この武器をしっかりとスコアメイクに活かしましょう。15～19点の人は平均点ですから図太さを身につければスコアアップに貢献してくれるでしょう。

そして14点以下の人は図太さを身につけるために積極的にプレッシャーのかかる状況をつくり出してそれを楽しむことです。

プレッシャーを楽しみながら横峯プロのような図太さを身につけたら、案外簡単にライバルを打ち負かすことができるのです。

■ 表13

図太さチェックリスト

1. プレッシャーがかかっても全然平気である

はい　5　4　3　2　1　いいえ

2. 自分は神経質な性格ではないと思う

はい　5　4　3　2　1　いいえ

3. 周囲のざわつきがまったく気にならない

はい　5　4　3　2　1　いいえ

4. 他人のアドバイスも適当に聞き流せる

はい　5　4　3　2　1　いいえ

5. 大切なパットでも全然しびれることはない

はい　5　4　3　2　1　いいえ

合計　　　点

■「気持ちを切り替えるテクニック」を身につける

03年の全英オープンは初出場のベン・カーティスが見事な逆転優勝を成し遂げました。カーティスはその前年のQスクールで当シーズンのPGAツアー資格を獲得したルーキーで、全英オープンの出場資格もその2週間前に行われたウエスタンオープンで13位タイに入り、やっと獲得したものでした。

最終日の15番を終了した時点でトップに立っていたのはトーマス・ビョーンでした。スコアは3アンダー。カーティスを2打リードしていたのです。カーティスが1アンダーでホールアウトしたとき、ビョーンは16番ショートホールの右のバンカーの中にいました。

ビョーンの打ったバンカーからの第2打はグリーンの傾斜を逆戻りしてふたたびバンカーに入ります。頭をかかえながらそのまま打った第3打は、まるでその前のショットのビデオを観るように同じ軌道を描いてほとんどグリーンの同じ地点からバンカーに逆戻り。

その後のバンカーからの3回目のショットでなんとかピンに寄せ、1パットでカップに沈めたものの、結局このホール、ダブルボギー。

落胆したビョーンは次の17番ホールもボギーを叩いてしまい、結局目前の優勝を逃してしまったのです。

最初のバンカーショットをミスして、ボールがバンカーに逆戻りしてから次のショットまでのビョーンのとった行動は、メンタル面で明らかに間違っていました。

バンカーから一端出て気持ちを入れ替えるどころか、そのままの位置からほとんど間をとらずに次のショットを打ってしまった。これがビョーンの致命傷になったのです。

このように、一流のツアープロでも大事な局面でミスをすると精神面で不安定になり、途端に動作が早くなるのです。バンカーからボールが脱出できなかったら、迷わずバンカーから一端外に出て気持ちを切り替えましょう。

バンカーの外で大きく2～3度深呼吸しながら気持ちを落ち着けて、ボールの後ろからこれから打つべきショットのイメージを描く時間を確保する心の余裕を持ちましょう。それだけで簡単に気持ちが切り替わるのです。

もちろんこのテクニックはバンカーショットだけに留まりません。

ティショットでボールがOBゾーンに消えていき、打ち直しをするときも同じように大きく深呼吸しながら十分に間をとることです。

それだけで次のショットをミスする確率は間違いなく低下するのです。

ラウンドを通じてもミスショットをしたあと、腹が立ったら意識的に大きく深呼吸する習慣をつければよいのです。

同時に動作も意識的にゆっくりとってみましょう。それだけで悪感情はスーッと消えていき、簡単に気持ちが切り替わるのです。

ラウンド中に腹が立つのは、あらゆるゴルファーにとって逃れられないことです。なぜならゴルフというゲームはミスショットを前提として成り立っているからです。

私が指導しているツアープロも例外ではありません。メンタルトレーナーとしての私の重要な任務は、ミスショットしたあとの彼らの気持ちをいかにしてうまく切り替えさせるかにあります。

私は「気持ちの切り替えテクニック3カ条」を揚げてプロに実行してもらっています。ミスショットをして腹が立ったら、状況に応じてこの3つのテクニックのなかから選択して実行すればよいのです。

最初のテクニックは深呼吸です。イライラは脳の酸素不足によって引き起こされます。大きく深呼吸して十分な量の酸素を脳に供給してやればよいのです。そうすれば自然にイライラが解消されるはずです。

次のテクニックは腹が立ったら我慢しないで気持ちを発散させることです。気分を発散しないからミスショットを引きずるのです。ただし時間を設定して「5秒間だけ腹を立てる」と宣言して腹を立てることです。これはタイガーもときどき実行する即効性のあるテクニックです。

最後のテクニックは、スタート前に右手の手のひらに「集中」とか「忍」という字を黒のサインペンで書いておき、悪感情が沸き上がってくるたびにそれを見る習慣をつけることです。好ましい文字を見るだけで案外簡単に悪感情は退治されるのです。

以上述べた「気持ちの切り替えテクニック3カ条」をしっかりマスターすることで、悪感情を引きずらずに次のショットに集中することができるようになるのです。

■こうすれば簡単に気持ちが切り替わる

アニカ・ソレンスタムのすごさは、どんな状況であっても平常心でプレーできるというメンタル面の強さです。実は、彼女はすでにジュニアの頃からきっちりとメンタルテクニックの指導を受け、それが現在の彼女の安定したプレーを支えているのです。

そのなかでも感心させられるのは気持ちの切り替えがとてもうまいということ。たとえば2メートルの「入れ頃、外し頃のパット」を外してボギーにしても、表情ひとつ変えずに次のホールに移動していけるのです。

たとえミスショットを打っても、あるいはトリプルボギーを叩いても、ラウンドの最中にそのことを反省してはいけません。反省はクラブハウスに戻ってからやればよいのです。

これから打つショットに集中するためには、その前のショットのことは忘れること。打ち終わったショットのことをクヨクヨ反省すると、よくない感情が頭のなかを覆いつくし、気持ちを切り替えることができません。

ミスショットだけでなく、ナイスショットもすでに過去のもの。もはやどうすることもできません。考えても仕方がないのです。

集中したかったら、フェアウェイを歩くときにパートナーやキャディと談笑することをお勧めします。これが格好の気分転換になるのです。アニカはキャディとゴルフとまったく関係のない話題で気分転換するテクニックをしっかり身につけているのです。

ティショットを深いラフに打ち込んだとき、「フェアウェイを歩くときには次のショットのことを考えるべきだ」と主張するゴルファーがいるかもしれません。

しかし、ボールのある第2打地点に到着しない限りそのショットのことを考える必要はないのです。なぜならそのボールのライや、そこから見えるピンの位置を含めたグリーンの景色はその場所に行ってみないとわからないからです。

それよりも、アニカのようにショットとショットのあいだはあえてゴルフのことは忘れるテクニックを身につけておけば、簡単に気持ちが切り替わり、平常心で次のショットに臨めるのです。

あなたは気持ちの切り替えが得意ですか？　ゴルフというゲームは気持ちの切り替えのうまさを競うゲームでもあるのです。

ここであなたの気持ちの切り替え度チェックをしてみましょう。**表14**は私が考案した「気持ちの切り替え度チェックリスト」です。5つの質問に対して素直な気持ちで答えてください。あなたの答えが「はい」に近いなら左よりの数字を、「いいえ」に近いなら右よりの数字をその程度に応じて○で囲んでください。

全部チェックし終わったら囲んだ数字の合計点を記入しましょう。20点以上獲得した人は気持ちの切り替えが上手い人ですから、このままの調子を持続させましょう。15〜19点の人は平均点ですから気持ちの切り替えテクニックをマスターすればスコアアップに貢献してくれるでしょう。14点以下の人は気持ちの切り替えの悪さがスコアに悪影響を与えています。意識的に気持ちを切り替えることを心掛けてください。アニカのように気持ちの切り替えをうまくコントロールすれば、案外簡単にスコアアップが実現できるのです。

■表14

気持ちの切り替え度チェックリスト

1. 自分は気持ちの切り替えがうまいと思う

はい　5　4　3　2　1　いいえ

2. 前のホールのミスが頭をかすめることが多い

はい　1　2　3　4　5　いいえ

3. 大叩きしても気持ちが落ち込まない

はい　5　4　3　2　1　いいえ

4. どちらかというと楽天的な性格である

はい　5　4　3　2　1　いいえ

5. 喜怒哀楽が表に出やすいほうである

はい　1　2　3　4　5　いいえ

合計　　　　点

【表10の解答】

1〇　2×　3×　4〇　5×　6〇　7×　8〇　9×　10〇

・プレッシャーの「ドキドキ感」を楽しみましょう
・スコアを崩す最大の原因は悪いライや困難な状況でなく、マイナスの心理状態です
・ミスショットでもナイスショットでも自信の量を変化させてはいけません
・ゴルフコースでコントロールできるのは、スコアではなくあなた自身のプレーです

5章　最高の心理状態をつくるメンタルテクニック

■平常心でプレーすることの大切さ

07年のメジャー第1戦マスターズトーナメントは、戦前下馬評にも上らなかった伏兵ザック・ジョンソンが2位タイのタイガー・ウッズらに2打差をつけ逆転優勝を飾りました。

最終日は首位が5人も入れ替わる大混戦。大きなプレッシャーがかかるバックナインで、ジョンソンは堂々としたプレーを進めているように見えました。

試合後、ジョンソンは勝因をこう語りました。

「15番ホールを終えたとき私が2打リードして首位に立っていることを知ったが、そのことはまったく気にならなかった。最後の3ホールでも平常心で自分のプレーとゲームプランに集中することしか考えなかった。結果的にそれが私に優勝をもたらしてくれたと思う」

まさにこの言葉に彼の勝利の秘密が隠されています。

「どんなときでも平常心」。これこそゴルファーにとって大切なメンタルテクニックです。

平常心とは、「どんな場面でも普段着の気持ちでプレーできる能力」のことを言います。

これに関して、青木功プロも、「練習はゲームのつもりで、ゲームは練習のつもりで」と語っています。つまりジョンソンは、最終日の最後の3ホールを練習ラウンドの気軽さでプレーしたからメジャー初制覇という偉業を成し遂げることができたのです。

それでは平常心を維持するには、どうすればよいのでしょう？　青木プロの言葉通りにプレーできるゴルファーならメンタルトレーニングは必要ありません。しかし、現実はそうはいきません。

「2日目の予選通過のカットラインが気になって、最後の3ホールはプレッシャーで身体が動かなくなる」と、私に悩みを打ち明けるツアープロも少なくないのです。

彼らの問題点は無意識に重要な局面とそうでない局面を区別してプレーしていることです。これでは平常心は保てません。

そうではなく、あらゆるショットは独立していて、どのショットもすべて重要であり、どのような状況においても目の前のボールを打つことだけに集中する。そういう心理状態こそ平常心そのものなのです。

それでは平常心を手に入れる具体的なメンタルテクニックを紹介します。私たちの脳に備わっている条件反射のメカニズムを駆使すればよいのです。

たとえば、梅干しを食べたことのある人なら梅干しを想像しただけで唾液が出てくるでしょう。これが条件反射のメカニズムです。同じ行為を繰り返すことにより、反射的に身体の生理機能が働くわけです。

イチロー選手がウェイティングサークルで決まりきった順序でストレッチするのは、その動作をすることにより、バッターボックスに入ったとき、脳が自動的に高いレベルの集中力を発揮してくれることを知っているからです。

このイチロー選手が励行しているメンタルテクニックをゴルフに応用すればどうなるでしょう?


「こうすれば平常心になれる」というきっかけの動作を決めて、それを繰り返せば案外簡単に平常心になれる自分を発見できるのです。

それでは、ゴルフのプレーでは、どのようなきっかけの動作を実行すればよいのでしょうか。私が推奨したいのはこの本でも述べている視線コントロールです。すべてのショットでアドレス前に必ず「この動作のあと私は平常心でプレーできる」と唱えながら、目の前のゴルフボールに5秒間視線を固定してみましょう。

ティショットの前だけでなく、すべてのショットでこの動作を励行することにより、条件反射のメカニズムが働いて案外簡単に平常心になれる自分に気づくはずです。

同時に大きく深呼吸することも平常心を得るためには大切です。脈拍をコントロールすることは難しいのですが、呼吸のリズムならコントロールできます。ゆっくりと呼吸することにより、気持ちがリラックスして平常心でプレーできるのです。

条件反射のメカニズムを活用して平常心でプレーできれば、ベストスコアが意外と簡単に出るようになるはずです。

ゴルフというゲームは、結局平常心を維持する時間の長さを競い合うゲームなのです。フェアウェイにあるボールは少々心理状態が悪くてもグリーンに乗ってくれます。深いラフやディボットにボールが入った難易度の高い状況でショットするときこそ、平常心で臨むべきです。

これは当たり前のことなのですが、あなたに知ってほしいのは、「ナイスショットを打つ確率が最も高いのは、最高の心理状態で打つときである」という事実です。

ピンチに陥ったときこそ最高の心理状態でボールを打つ。そのためには、日頃から平常心でプレーすることの大切さをしっかりと自覚してほしいのです。

それではラウンド中に平常心を維持する具体的な方法を教えましょう。まず、「いまここに意識を集中させる」というテクニックを身につけることです。

平常心を保てない最大の理由は、「済んでしまったプレーのことや、終わってもいない現在プレー中のホールのスコアのことをクヨクヨ考える」からです。それが脳にとって雑音となり、目の前のプレーに悪影響を与えるのです。

どんな困難な状況でも、目の前のショットを打つことだけに没頭できれば、ナイスショットを打つ確率が間違いなく高まるのです。

私が作成した**表15**の「平常心を保つ7つのメッセージ」は、すでに私が指導しているツアープロだけでなく、多くのアマチュアゴルファーが愛用しています。

この表も特別収録「MODEL SWING MINIBOOK」に掲載してありますので、次のラウンドのときスコアカードと一緒にポケットに忍ばせておきましょう。そしてピンチに陥ったとき、このメッセージに目を通せばよいのです。それだけで簡単に平常心に戻ることができ、ホールアウトしたときベストスコアで回った自分に気づくはずです。

■無の境地になるテクニックをマスターしよう

タイガーのすごさは改めて言うまでもありませんが、なかでも特筆できるのはプレッシャーのかかるメジャーの重要な局面でも常に平常心を維持しながらプレーできることです。

状況に惑わされることなく、タイガーは自分のスイングだけに意識を集中させる

■表15

平常心を保つ７つのメッセージ

1．　ゴルフは１打１打の積み重ねである

2．　「いまこの瞬間」に没頭しよう

3．　私は淡々とプレーするのが得意だ

4．　私は最高の心理状態の感覚を知っている

5．　ベストを尽くすことだけに全力を注ごう

6．　ピンチのときこそ平常心を維持しよう

7．　自信に満ちた態度と明るい表情を貫こう

ことができるのです。

06年の全英オープンの最終日にも、そんなウッズの強さが随所に発揮されました。その代表例をあげると12番ホールでのアプローチショットです。10番をボギーとし、2位との差は1打。

タイガー・ウッズといえどもプレッシャーがかかる場面です。しかしタイガーはドライバーショットでグリーンエッジのラフまで運び、この難しいショットを見事なタッチ感覚でピンに寄せてバーディを奪い、勝利を決定づけたのです。

なぜ、タイガーはこんなスーパープレーができるのでしょう? 高度なテクニックを駆使できるということはもちろんですが、それに加えて勝負どころで異常なほどの集中力を発揮できる能力が彼にそうさせているのです。

これに関して、ウッズはこう語っています。

「ボクは、『いま』という時間に身を置き、自分がなにをすべきかということに全神経を集中させる。それがゴルフというゲームの原点である」

ゴルフは1ラウンド4時間以上かけてプレーするゲームです。しかし実質のプレー時間はそれほど長くはありません。1ショットにかける時間を10秒間として、たとえば90でラウンドするアベレージゴルファーなら、合計してもプレー時間はせいぜい15分程度に過ぎないのです。それはラウンド時間全体のわずか6パーセント強でしかありません。ゴルフは、この15分間をいかに集中できるかを競うゲームなのです。

逆に残りの94パーセントの時間をどう過ごすか。それがスコアに多大の影響をもたらすのです。その時間を通して私たちの脳裏には、さまざまな思考が浮かんできます。

「スタートの1番ホールでトリプルボギーを叩いたこと」や、「前のホールで1メートルのパットを外したこと」といった、よくないプレーが次々に脳裏に浮かんでくるのです。

このような心理状態では、いいプレーなんてできるわけがありません。こんなときにこそ、過去に実際にあなたが体験した最高のプレーのシーンを思い浮かべる習慣を身につけましょう。

人間の脳裏に浮かび上がってくる意識は必ずひとつずつです。同時にふたつの意識が浮かび上がってくることはありません。たとえよくない感情が沸き上がってきても、

最高のプレーシーンを思い浮かべるだけでそれを見事に消し去ることができ、良好な心理状態を維持できるのです。

ただしいったんアドレスに入ったら、無の境地になってただひたすら目前のボールを打つことだけに集中してください。タイガーのように、「いま、ここに集中しよう」とつぶやきながらアドレスに入ればいいのです。

トリプルボギーや、1メートルのパットを外した事実も、このようなテクニックを駆使して、すべて頭から追い出してアドレスに入ること。そうすればタイガーのように「いま」に集中でき、目の前のボールを打つ「瞬間」に没頭できるのです。

それではタイガーのように「無の境地」になれる具体策を教えましょう。95ページに紹介した「視線コントロールテクニック」をラウンド上で実践してほしいのです。普段からポケットやバッグにゴルフボールを1個忍ばせておき、7～10秒間なにも考えずにボールに刻印されている数字を注視するだけでよいのです。

無の境地に入るためにはアドレスのルーティンも大事です。しっかりと自分なりの決め事をつくってからバックスイングに入ってください。

ウッズはパッティングのとき、同じリズムで2回ボールの手前で素振りをしてから最終アドレスに入り、ストロークを開始する習慣を身につけています。

以下に示す「無の境地になるテクニック」を身につけて、儀式のように同じ決め事を励行することにより、彼は自然に無の境地に入っていけるようになるのです。

□ 無の境地になるテクニック

①アドレスに入ったらボールを打つことだけに没頭しよう
②最高のプレーシーンをイメージする習慣をつけよう
③ショットするまでの決め事をきっちり実行しよう
④ショットするとき以外はリラックスすることに努めよう
⑤ボールの数字を10秒間集中して見続けよう

■最高の心理状態でプレーする秘訣を教えよう

ゴルフは、最終18番ホールのカップにボールが沈み込むまで、なにが起こるかわからないゲーム。たとえば、タイガーを脅かす存在の、常に世界のトップ5に君臨するレティーフ・グーセンにメンタルカウンセラーがついているのは有名ですが、どのようなことをアドバイスされているかを彼は明らかにしていません。

私が推測するところ、彼のメンタルカウンセラーは、「ゴルフにおいて1打1打はそれぞれ独立している。だからすべてのショットに同じ最高の心理状態で臨まなければならない」と、グーセンに強調しているはずです。

たとえば、あなたが第2打地点に行ってみると、深いラフにボールが潜り込んでいます。そこで多くのゴルファーがよくない心理状態になるのは、その前に打ったミスショットを悔やむ心理がそうさせているのですが、これから打つショットとは、なんの関係もありません。

最高レベルのプレッシャーがかかった最終日の最終ホールでイーグルを奪いとるには、過去も未来も捨て去って、理想的な心理状態でひたすら目の前のプレーに没頭すればよいのです。

そのためには、プレーの最中にスコアのことを考えてはいけません。なぜならスコアを意識すると左脳にスイッチが入ってしまい、プレーのプログラムを支配している右脳に雑音を与えてしまうからです。

スコアはあくまでもそのホールの結果を示す単なる数字に過ぎないのです。だからスコアのことを考えたかったら、そのホールのカップにボールを沈めてから、次のホールのティグラウンドに移動するまでの限られた時間にとどめておきましょう。

スコアに関して、アマチュアゴルファーによく起こる現象があります。最終18番ホールのティグラウンドに、「このホールをボギーで上がればベストスコアになる」と考えた瞬間、最終ホールでトリプルボギーを叩いてしまいます。

そんなときにも、スコアのことは一切忘れて「平常心でプレーしよう」と自分に問いかける。そういう心理状態でプレーすればよいのです。

それでは1打1打に没頭する心理状態をつくるために不可欠な具体策を説明しましょう。まずリラックスすること。どんな局面でも、最高レベルのリラックスを維持しながら、ゆったりとしたスイングを実行することです。

プレッシャーのかかった局面でリラックスするには、意識してゆったりとした呼吸のリズムを維持すればよいのです。呼吸のリズムをゆっくりと落とすだけでなく、意識的に動作をゆったりとりましょう。ラウンド中の動作の速度と緊張度は比例します。
ゆったりとした動作を取り続ければ、筋肉だけでなく気持ちまでリラックスしますが、反対にセカセカする動きは、集中力を低下させるだけでなく、筋肉まで硬直させてミスショットを生み出してしまうのです。
事実アメリカのある病院のデータでも、健康な人に動きをセカセカさせて、呼吸を浅くしかも不規則にさせると、血圧が上がって心拍数も高まり、心理的にも不安定になることが報告されています。

ショットするときだけでなく、フェアウェイを歩くときも、あるいはグリーン上でも、常に堂々とした、しかもゆったりした動作をする習慣をつけましょう。

考えてみれば、ゴルフほどリラックスすることが要求されるスポーツはあまり見当たりません。私はこれまで数多くのツアープロと一緒に仕事をしてきましたが、彼らのミスショットの原因のほとんどはショット自体に問題があるわけではなく、力んだためにミスになることのほうが圧倒的に多いのです。

事実彼らのミスショットの原因を探っていくと、必ず「なんとかしてここで挽回しなければならないと考えて力んでしまった」という答えが返ってきます。

不思議なことに、「リラックスし過ぎてミスをしてしまった」という回答はほとんどないのです。

タイガーほどリラックスすることに意識を配るツアープロを探すのは難しいでしょう。彼はマスターズ最終日のあのプレッシャーのかかる状況でも、キャディと談笑しながらフェアウェイを歩く習慣を身につけています。

ショットとショットの合間に目一杯リラックスすることが、ショットの集中力を生み出してくれるという事実をタイガーは知っているのです。

ゴルフ練習場に行くと、必死の形相で黙々と長時間ボールを打ち続けているゴルファーがいます。

本人は集中を持続させているつもりでしょうが、長時間にわたり高い集中レベルを維持することは、たとえタイガーでも不可能なのです。

むしろ集中しようとすればするほど筋肉は緊張し、ミスショットを連発してしまうのです。

集中とリラックスは一対のもの。「集中しよう！」と考えれば考えるほど集中力は低下するのです。そういう発想ではなく、「リラックスしよう！」と考えるだけで自然に高い集中レベルが得られるのです。

心の余裕を持って、ときには友達と談笑を交えながらリラックスしてショット練習に励みましょう。

そうすれば体の筋肉の力も抜けて楽しみながらショット練習ができ、ナイスショットを連発できるのです。

このテクニックはラウンドでも適用できます。あなたがその日のラウンドでスコアをまとめたかったら、出だしの1番ホールから3番ホールまでをうまく切り抜けることが重要です。

出だしの3ホールで大叩きする原因は緊張し過ぎることと、ウォームアップ不足です。

つまり朝一番のティショットを成功させたかったら心身のリラックスが不可欠なのです。

まずは軽いストレッチをして身体を目覚めさせましょう。次はメンタル面のウォームアップ。「リラックスしてショットしよう」というセルフトークを自分につぶやきかけましょう。

さらにゆったりとした腹式呼吸をして心をリラックスさせ、精神的にも肉体的にも、最高の状態で1番ホールのティグラウンドに立てる状況をつくりましょう。

そうすれば、出だしの数ホールでほかのゴルファーの調子が出ないうちに、あなたは断然優位に立つことができるのです。

■ゴルフ脳を形成する数息観《すそくかん》をマスターしよう

ラウンド中、常にリラックスできることはゴルファーにとってのひとつの能力です。多くのミスショットはスイングのメカニズムではなく、緊張状態でショットをするために、筋肉に力が入り過ぎて起こることを私たちはもっと自覚する必要があります。

タイガーやロレーナをはじめとするトッププロは常にリラックス状態を持続させる能力を身につけているのです。

私は意識的に自分をリラックスに持っていけるのも大切な能力であると考えています。プレッシャーのかかる大事な場面でも、リラックスしてプレーできるようになるには、このトレーニングが必要になるのです。

それでは簡単にリラックス状態に入れるトレーニングを紹介しましょう。まず日常生活の中に組み入れてほしいのが腹式呼吸です。腹式呼吸はリラックスする能力を高める上で不可欠な呼吸法です。

脳のイメージング機能を発揮させるには、脳に酸素を十分供給してやる必要があります。つまり酸欠状態では脳は正しく機能しないのです。

腹式呼吸法を実行することにより、あなたを間違いなく高いレベルのリラックス状態に導き、次のショットをナイスショットに導けるのです。

それでは実際のラウンドで行う腹式呼吸法のやり方について簡単に解説しましょう。

ステップ①　片手をお腹の上に置く

まず、正しい姿勢をとりましょう。背筋をしっかりと伸ばして立ちましょう。体重は足の裏全体にかけます。両足を20センチくらい開いて、膝を柔らかく曲げましょう。背筋をしっかりと伸ばし、片手の手のひらをお腹の上に置いてください。

ステップ②　息を吸い込む

まず、お腹がへこんでいることを手のひらで感じてください。そして、鼻からゆっくりと息を吸い込みます。お腹の上に置いた手がゆっくりと持ち上がっていくのを感じながら息を吸い込んでいきます。頭のなかで「1・2・3・4……」と数えていくと、ゆっくりと空気を吸い込むことができます。これ以上、息を吸い込むことができない限度まで、空気をいっぱい吸い込んでください。

ステップ③　息をゆっくりと吐き出す

息をゆっくりと口から吐き出します。このときも「1・2・3・4……」と数えていきます。吸い込むときよりも吐き出すほうの時間をゆっくりととってください。お腹に置いた手でお腹がどんどん引っ込んでいくのがわかるはずです。体の中の空気を全部吐き出してしまうイメージを持つことが大切です。

これが基本的な腹式呼吸です。フェアウェイを歩いているとき、ティーショットの順番待ちをしているとき、グリーンでほかのゴルファーがパッティングしているときなど暇を見つけて、腹式呼吸をする習慣をつけてください。

この呼吸法を実践しながら、木々の緑や色とりどりの花を眺めたり、雲の形や動きに心を奪われたりすることにより、自然にリラックスした精神状態になれるのです。

呼吸法により心を落ち着かせながら、ティグラウンドやグリーンの待ち時間を活用して、目を閉じてどんな音が聞こえてくるか聴覚を働かせてみましょう。

目を開けているあいだには聞こえなかったような、鳥のさえずりや川のせせらぎといったかすかな音も捕らえることができるようになるはずです。あるいは、木の葉が揺れる音やかすかな虫の声が聞こえるかどうか耳を澄ませましょう。

このようにして、ゆったりとした腹式呼吸を持続させながら視覚や聴覚を最大限活用して自然を楽しむことにより、あなたはリラックスができ、自分でも驚くような集中力を次のショットで発揮できるのです。

基本的な呼吸法をマスターしたら、今度はあなたの脳を瞑想状態に調整するトレーニングを実行しましょう。私が推奨する数息観は、脳を『ゾーン』の状態に整えてくれる好ましい儀式です。私が指導してきたツアープロのなかにも、興味を持ってこのトレーニングに取り組んでくれる人間がいます。

本来数息観は息を数えるのですが、私はそれをアレンジして頭のなかでイメージした井戸の中をゴルフボールが上下するイメージを描く呼吸法を開発しました。

それでは簡単にそのやり方を紹介しましょう。まず最初にリラックスして座ります。

背筋を伸ばして座り、お尻の下に底無しの井戸を想像します。井戸の中にゴルフボールをイメージし、息でそのボールを上下させます。

まず息を吐きながら井戸の底にボールを押し込みましょう。次に息を吸いながらボールを吸い上げて背骨を通って頭の頂点まで持ってきます。この上下作用をゴルフボールをイメージして自由自在に行うこと。

つまり息をゆっくり吐きながらそのボールを井戸の底に押し込めていき、次に息を吸いながらボールを頭のてっぺんにある井戸の上部まで吸い上げる。それを繰り返せばよいのです。

できればこの呼吸法を実践しながら、目の前1～1.2メートルの場所にゴルフボールを1個置きます。そして、視線をそのゴルフボールの数字に絞り込めばよいのです。

もしも視線を固定するのが苦痛に感じたら目を閉じましょう。そしてリラックスして再び井戸のイメージと呼吸を連動させてください。次に再び目を開けて視線をゴルフボールの数字に固定します。

あまり堅苦しいルールを設けないで、ゆったりした気持ちで井戸のイメージを描きながら、快適な呼吸のリズムをマスターしてほしいのです。

可能なら朝晩ベットの上で、あるいは通勤電車の中でもゴルフボールの替わりに吊り革の1点を見つめながら、この瞑想トレーニングを実行してほしいのです。

1日最低5回、1回につき3～5分間このトレーニングを励行してください。自然にあなたの脳は『ゾーン』と呼ばれる最高の心理状態に近い状態を維持できるようになります。いわゆる閉眼で瞑想しているときには、最高の心理状態特有のミッドアルファ波という脳波が発生しているはずです。

弓道や射撃の選手の脳波測定をしてみると、レベルの高い選手ほど、この脳波が強く検出されるのです。

意識的にこのような瞑想の時間を確保して、そういう好ましい脳波が自然に生まれる心理状態に仕上げていくことが肝心なのです。

■瞑想と自己暗示を併用すれば驚くほどスコアアップを実現できる

自己暗示こそスコアアップを達成するために不可欠なメンタルトレーニングです。自己暗示の草分け的存在であるフランスの心理学者エミール・クーエは、自発的な条件づけがいかに成功をもたらすかについて実証しました。

彼は、「『毎日あらゆる点で、私はどんどんよくなっている』という言葉を1日何十回、何百回繰り返すことにより、必ず素晴らしい成果が得られる」と結論づけま

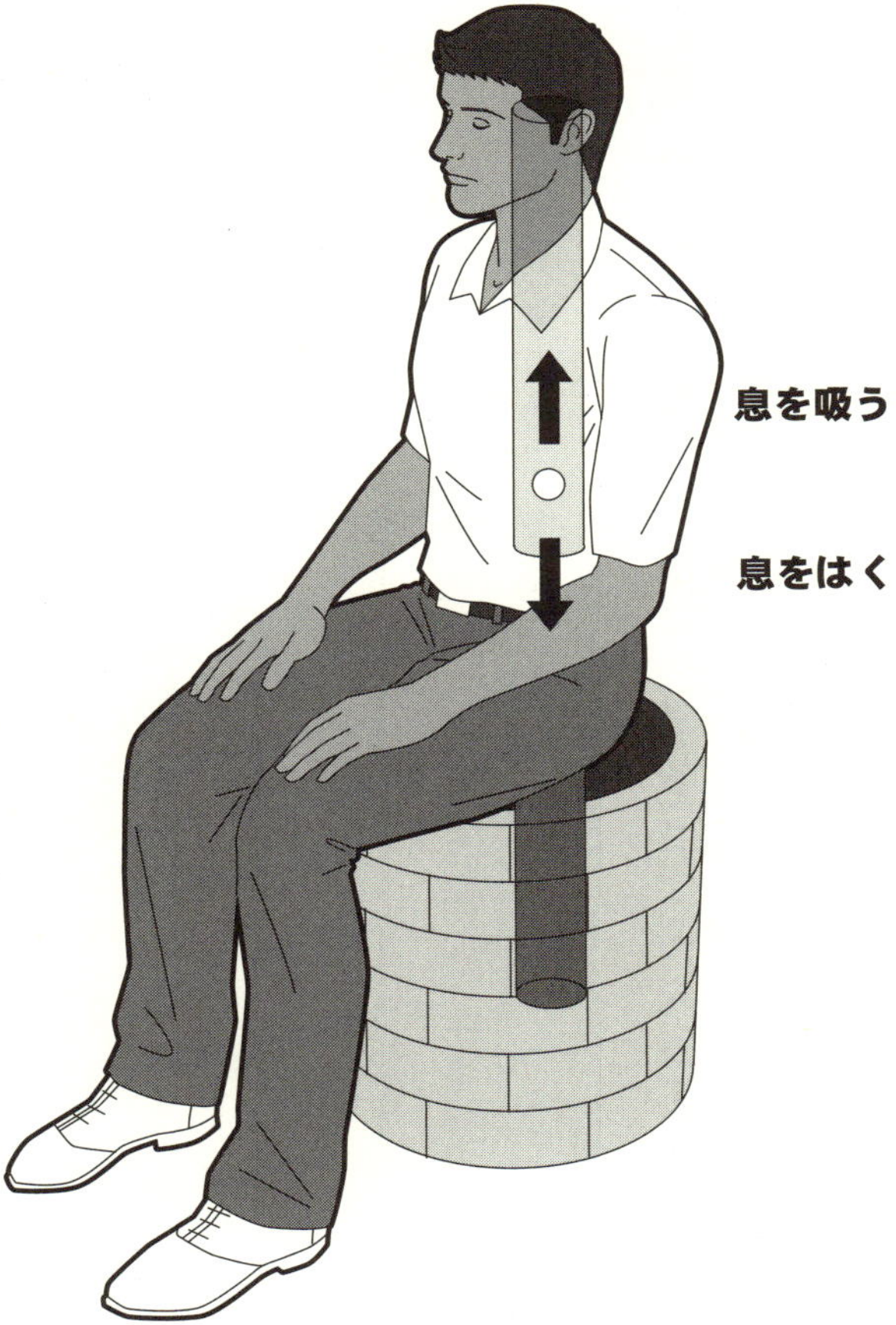

息をはきながらボールを押し込み、吸いながらボールを引き上げる。数息観を用いた瞑想は、脳を『ゾーン』の状態に整えてくれます

した。

これは、スポーツ界だけでなく、医学界でも証明されているのです。同じ程度のガンに冒されている人間でも、「私は必ずこの病気を克服できる」と本気で考えて精一杯の努力をする患者は「もう立ち直れない」と塞ぎ込んでしまった患者に比べ、明らかに治癒率が高かったのです。

つまり好ましいメッセージが身体の免疫力を高めてくれるだけでなく、同時に、好ましい想像が好ましい行動を生み出し、それらのことが連動して治癒率が高まったのです。

これはゴルフにおいてもまったく通用します。

好ましいメッセージを繰り返し脳に入力することにより、脳はそのメッセージを実現させるようなプログラムを作成してくれるのです。

イメージの中で好ましい自分の姿を観賞している人間は、必ずそのイメージを現実のものに変えることができるのです。イチロー選手が偉大なメジャーリーガーに成り得たのは、小さい頃から「僕はプロ野球選手になる」というメッセージを繰り返し脳に入力していたからです。

しかも、単なる言葉だけでなく視覚化によりプロ野球選手のイメージを描く作業を繰り返したから、彼は夢を実現したのです。願望では弱過ぎるのです。成り切るイメージにより夢は実現するのです。

高名な心理学者、ロバート・シュラー博士はこう語っています。

「悲観論者は『見たら信じる』と言い、楽観論者は『信じると見える』と考える」

もしもあなたがシングルプレーヤーになりたかったら、ゴルフの練習をするだけでは不十分です。シングルプレーヤーになれることを強く信じながら、堂々と自信に満ちたシングルプレーヤーのイメージを繰り返し頭のなかに描き続けること。

「シングルプレーヤーになりたい」というメッセージでは弱過ぎるのです。「私はすでにシングルプレーヤーになった」と思い込むことが大切なのです。

あなたは「サブリミナル効果」について理解しているでしょうか? サブリミナルとは、私たちが気づかないうちに潜在意識下に情報を入力する行為をことを指します。

1956年にウィリアム・ホールデンとキム・ノバクが主演した『ピクニック』のフ

ィルムに、ポップコーンとコーラの広告を、観客が感知しないほんの一瞬だけの画像として繰り返し忍び込ませました。

その結果、映画館のポップコーンとコーラの売上げが56パーセントも増加したのです。この事実が新聞に掲載され、連邦通信委員会は「サブリミナル広告」を中止したのです。

「自分はできっこない」とか「それは実現不可能だ」という否定的なメッセージがその人間のゴルフの上達を不可能にし、「私はどんどんうまくなる」とか「私はゴルフに向いている」といった肯定的なメッセージが好ましい結果をもたらすのです。

最高の脳波の状態をつくって最高のメッセージを脳に入力する。そうすれば、「サブリミナル効果」が働いてあなたのゴルフに奇跡が起こるのです。

・聴覚、触覚を鍛え感性を磨きましょう。ゴルフは感性のスポーツなのです
・どんな場面でも普段着の気持ちでプレーできる平常心を養いましょう
・ゴルフは1打1打独立しています。だからすべてのショットを同じ最高の心理状態で臨むべきです
・リラックス状態を持続させるテクニックを身につけましょう
・好ましいメッセージを繰り返せば、脳はそれを実現させてプログラムを作成してくれます

6章　イメージング機能を高めてショートゲームの達人になろう

■タイガーのショートゲームの素晴らしさの秘訣を伝授しよう

タイガーのショートゲームの素晴らしさは、前に述べた「イメージ」、「決断」、「実行」の3つのステップを忠実に実行していることです。

実はフルショットに比べてショートゲームのほうがメンタル面の及ぼす影響の割合が明らかに高いのです。

タイガーのプレーを観察していると、ショートゲームを成功させる「イメージ」、「決断」、「実行」という3つの作業をしっかりと行っています。トーナメントの中継画面からも、彼がこの3つの作業を順序立ててきっちり実践していることが伝わってきます。それではこの3つの作業について簡単に解説してみましょう。

最初のステップが「イメージ」です。ショートゲームを成功させるカギがボールを打つ前のイメージ作業にあるのに、多くのアマチュアプレーヤーはイメージする時間を十分とることの重要性を認識していません。

アプローチならボールの落とし場所、パッティングならラインをボールの後ろからイメージする時間を十分確保してください。

このとき自分の感性を研ぎ澄ませて自然に浮かび上がってくるイメージを信じること。理屈で考えてはいけません。

次のステップは、描いたいくつかのイメージの中からひとつのイメージに絞り込む決断の作業。決断することにより迷いを消し去ってボールを打つ作業に集中ができるのです。

そして最終的に、決断したイメージをできるだけ忠実に再現するストロークを開始すればよいのです。

残念なことに、多くのアマチュアゴルファーは最後の「ボールを打つ」という実行作業をもっとも重視するあまり、結果に一喜一憂してしまいます。

「イメージ」と「決断」の作業の重要性を認識して、この作業にもっと時間を費やせば、肝心の実行作業がうまくいくのです。しかも、たとえ決断した通りに打ったパットが外れても悔しくなくなるのです。

タイガーはこの3つの作業を同じリズムで黙々と進めることができるから、ショートゲームをうまくまとめられるのです。それだけでなくたとえカップに沈み込もうが、カップをかすめて外れようが、彼は淡々とした態度を取り続けることができるのです。

■ショートゲームを洗練させよう

あなたがゴルフのスコアアップを望むなら、ショートゲームを洗練させることです。そのためには普段の練習だけでなく、イメージトレーニングを活用する必要があります。それは難しいトレーニングではありません。打つ前にボールの後ろからピンを眺め、イメージの中で理想の軌道を描いてアドレスに入るだけでよいのです。ラウンドだけでなくゴルフ練習場でもこの習慣をしっかり身につけてほしいのです。

もうひとつ大切なことは、アプローチショットは「目と手の協調能力」が要求されるという事実です。

あなたがいくらショートゲームの練習に精を出しても、肝心の目と手の協調能力に問題があればボールはピンに寄ってくれません。

それでは、この能力を簡単にチェックするドリルを紹介しましょう。

これはラウンド前の練習グリーンで簡単にできるドリルです。まずボールを3個用意してピンに向かって理想のボール軌道をイメージしてください。

次にそのイメージにできるだけ忠実にボールを手で投げてピンに寄せてください。その結果、ボールとカップとの位置関係によりあなたの目と手の協調能力の程度が判断できるのです。

ピッチングウエッジやパターでこの実験をしてもよいのですが、打ち損じを考慮に入れると、自らの手でボールを投げたほうがこの能力を正確に確認できます。

もしもあなたのボールがピンの手前で止まったら、あなたの脳はピンを実際の位置より手前で認識しています。反対に安定してボールがピンをオーバーすれば、脳はピンを実際の位置より遠い場所として認識しているのです。

つまりこの能力を正しく補正しない限り、いくらショートゲームの練習しても、その上達にはおのずから限界があるのです。

それでは簡単にこの能力を高めるドリルをご紹介しましょう。このドリルは、居間のソファーのクッションを使って簡単に練習できます。

2～3メートル離れたところからボールをちょうどクッションにバウンドさせるように投げるだけでよいのです。

たとえばボールを5球投げて全部クッションにバウンドするまでこの練習を毎日励行するだけで1～2週間で見違えるようにこの能力が正しく補正されるのです。

このふたつのトレーニングと通常のアプローチやパッティングの練習を併用することにより、あなたもタイガー・ウッズのようにピン側にピタッと止まる絶妙のアプローチを打てるようになるのです。

それに加えて1日10分間イメージトレーニングに時間を割くだけであなたのショートゲームは見事に洗練されるのです。

米国のスポーツ心理学者の実験でもイメージの中でのプレーを描く作業と実際の練習は、その効果においてほとんど差異がないことが判明しています。

できれば就寝前や起床後のベッドの中のまどろみ状態でこのイメージを描く習慣をつけてください。なぜなら、夢を見るのに最も適したこのときの脳がイメージを描くのに適しているからです。

表16に5つの「ショートゲームを洗練させるイメージ例」を列記しました。この5つのメニューの中から気に入ったものをひとつ選んで毎日10分かけて実行してください。この習慣を毎日励行するだけで、あなたのショートゲームは着実に上達していくのです。

■ショートゲームの重要性

ショートゲームの練習は大切であるとわかっているのに、多くのゴルファーはあまり練習をしません。その証拠に、週末のゴルフ練習場の打席は満員で、待ち時間が出ているのに、すぐ横にある練習グリーンやバンカーががら空きであるという事実がそれを証明しています。

あるいは、ゴルフ練習場にきても、ドライバーの練習は必ずやるのに、ショートアプローチの練習は滅多にやらないというゴルファーが多いのも事実です。

実はレベルにかかわらず、グリーン周りのショットが占める割合はすべてのショットの55～65パーセントを占めるのです。

■表16

ショートゲームを洗練させるイメージ例

【イメージ1】
バンカー超えのアプローチでグリーンエッジぎりぎりにボールをバウンドさせて寄せるイメージ

【イメージ2】
高速グリーンの下りの2メートルの難しいラインのパットをカップに放り込むイメージ

【イメージ3】
バンカーエッジから見事に脱出してピタリとピン側にボールが寄るイメージ

【イメージ4】
大きく切れる3メートルスライスラインを見事に読み切ってカップにボールが吸い込まれるイメージ

【イメージ5】
下りの2メートルのフックラインを読み切ってカップにボールが吸い込まれるイメージ

つまり、「それぞれのクラブの練習量の比率はクラブの使用頻度に比例すべき」というのが私の考えです。もう一度繰り返します。ショートゲームの練習に割く時間が不足していることが大部分のアマチュアゴルファーのスコアアップを阻んでいるのです。

これはツアープロにも適用できます。その週のトーナメントのチャンピオンは、ドライバーショットやアイアンショットの調子がよかったプレーヤーではなく、大抵の場合ショートゲームに最も冴えを見せたプレーヤーなのです。

タイガーの強烈なドライバーには目を奪われますが、彼の強みはむしろグリーン周りなのです。彼の卓越したショートゲームを支えているのは、優れたゴルフビジョンにあると、私は考えています。ゴルフビジョンとは、ゴルフに適した視機能のことです。

それでは卓越したゴルフビジョンを身につけるにはどうすればよいでしょう？　そのためには、まず「探視力」をマスターすることです。

探視力は目の前の空間を正確に把握する能力のことで、あなたのショートゲームに多大の影響を及ぼしています。たとえばロングパットで距離感が定まらない人は、パッティングストロークの技術がまずいというよりも、探視力が劣っているのです。

ここであなたの探視力をチェックする方法を紹介しましょう。できればスタート前の練習グリーンでチェックしてください。グリーン上にマーカーを置いて7～10メートル離れたところからそのマーカーをしっかり認識したあと、目を閉じて歩いて行き、マーカーがつま先に一致したと思った地点で足を止めてください。

もしもあなたがマーカーの手前で止まれば、あなたはマーカーを実際よりも手前で認識しています。つまりカップに届かずショートする確率が高いのです。

反対にマーカーよりもオーバーして止まった人は実際の距離よりもマーカーを遠くで認識しているからアプローチやパッティングでオーバーする確率が高いということになります。

「ゴルフビジョンを高める5つの習慣」を**表17**にまとめてみました。これらの中から気に入った習慣を少なくとも3つ取り入れて定期的に実行してください。

探視力をチェックすること以外に、もうひとつやってほしいのは「毛様体トレーニング」。毛様体とは焦点を合わせるために目の瞳孔を調節する筋肉です。この筋肉を鍛えることにより焦点を瞬時に合わせる能力が向上します。

■表17

ゴルフビジョンを高める5つの習慣

1. 探視力を定期的にチェックしよう

2. 暇をみつけて毛様体トレーニングを実施する

3. ショートゲームでボールの動きに焦点を合わせよう

4. 視線固定トレーニングを励行しよう

5. 日常生活の中で空間認識について敏感になろう

やり方は簡単です。目の前に右手の人差し指を差し出し、遠くにある対象物、たとえば上空の雲と人さし指にリズムよく1秒単位で交互に焦点を合わせればいいのです。1回のトレーニングにつき連続して10往復焦点を移動させてください。

このトレーニングにより瞬時に焦点を合わせる能力が向上し、空間認識能力が高まるのです。

あるいは、ラウンド中自分の打ったアプローチやパッティングの動いているボールにしっかり焦点を合わせましょう。もちろん日常生活の中でも頻繁に視線を5秒固定したり、空間知覚に敏感になれば、自然にゴルフビジョンの機能は高まります。

日常生活の中でゴルフビジョンを洗練させる習慣を組み込めば、ショートゲームを面白いほど上達させることができるのです。

■イメージング機能を高めるトレーニング

イメージング機能を高めるトレーニングを実行すれば、案外簡単にゴルフの上達が実現できます。いくらボールを打っても上達しないゴルファーは、この能力が欠けているのです。

ゴルフの世界に限らず、あらゆるスポーツのチャンピオンはこの能力がずば抜けているのです。

タイガーやロレーナは言うまでもなく、野球のイチロー選手やサッカーのロナウジーニョ選手の素晴らしいパフォーマンスは、彼らの卓越したイメージング機能に支えられているのです。

あなたがスコアアップを望むのなら、以下に述べる簡単なイメージトレーニングをぜひ今日から実行してください。

イメージ記憶トレーニング

これは街の中で簡単にできるイメージトレーニングです。どんな対象でもよいから、それをチラッと見て、すぐに目を閉じて、見た対象物をすぐに思い浮かべるのです。

私がお勧めしたいのは、人の顔です。雑踏の中にたたずんで、行きかう人の顔を一瞬見て、すぐそのあとに目を閉じてその人の顔を思い起こしてください。

このトレーニングにより、イメージング機能が飛躍的に向上するのです。ティーグラウンドから見るフェアウェイの目標、第2打地点からのグリーンの風景。パッティングでカップとボールのライン。ゴルフのラウンドではチラッと目の前の風景を見てボールの軌道やラインを瞬時に決断しなければなりません。

これらの作業は少なくとも5~7秒以内に終了させなければなりません。顔をチラッと見て思い浮かべるトレーニングがゴルフにおけるイメージング機能を高めてくれるのです。

■なぜあなたはショートするのか

「ネバーアップ、ネバーイン」というゴルフの格言があります。これは「オーバーしなければボールはカップに入らない」という意味です。これはゴルフの核心を見事についています。

パッティングやアプローチでショートする限り、スコアアップは望めません。

タイガーやロレーナが一流のツアープロの仲間入りをしているひとつの大きな理由は、アプローチやパットで彼らはカップをオーバーさせることの大切さをほかのツアープロよりも強く認識しているからです。

それでは、多くのゴルファーはどうしてカップをショートしてしまうのでしょう。第1の理由は「視覚的な領域の大きさの違い」です。

多くのゴルファーがあまり気づいていないことなのですが、ピンやカップを狙うとき、視覚的にカップより奥の領域よりもカップの手前の領域のほうが圧倒的に存在感が大きいため、脳は手前にボールを止めるプログラムを作成してしまうのです。

特にアプローチショットでは、ほとんどピンの手前しか脳は感知していないのです。その結果ボールがカップの手前に止まる確率が高いのは当然のなりゆきなのです。

第2の理由は「心理的な要素」が関わっているのです。私たちは無意識にオーバーすることを避けます。たとえばあなたが車の運転をするとき必ず横断歩道の手前で停車します。

「手前は安全だが、オーバーは危険」という心理が常に働いているのです。それがゴルフのプレーにも反映され、その結果カップの手前でボールは止まる確率が高いのです。

もちろんパットでも、その心理が働いてしまい、カップをオーバーさせなければならないことはわかっているのに、アドレスをとって打つ準備をした瞬間そのことを忘れてしまい、簡単にカップに届かないパットを打ってしまうのです。

ここで、私が収集した興味あるデータを紹介しましょう。これはプロと一般ゴルファーのパッティングの距離によりショートとオーバーする比率を比較したものです。

このデータから以下のような事実が判明しました。

①5メートル以内のパッティングでプロはほとんどショートしない

まず、5メートル以内のパッティングについて注目すべきことは、一般ゴルファーはショートとオーバーの比率がほとんど変わらないのに、プロはほとんどショートしていないという事実です。

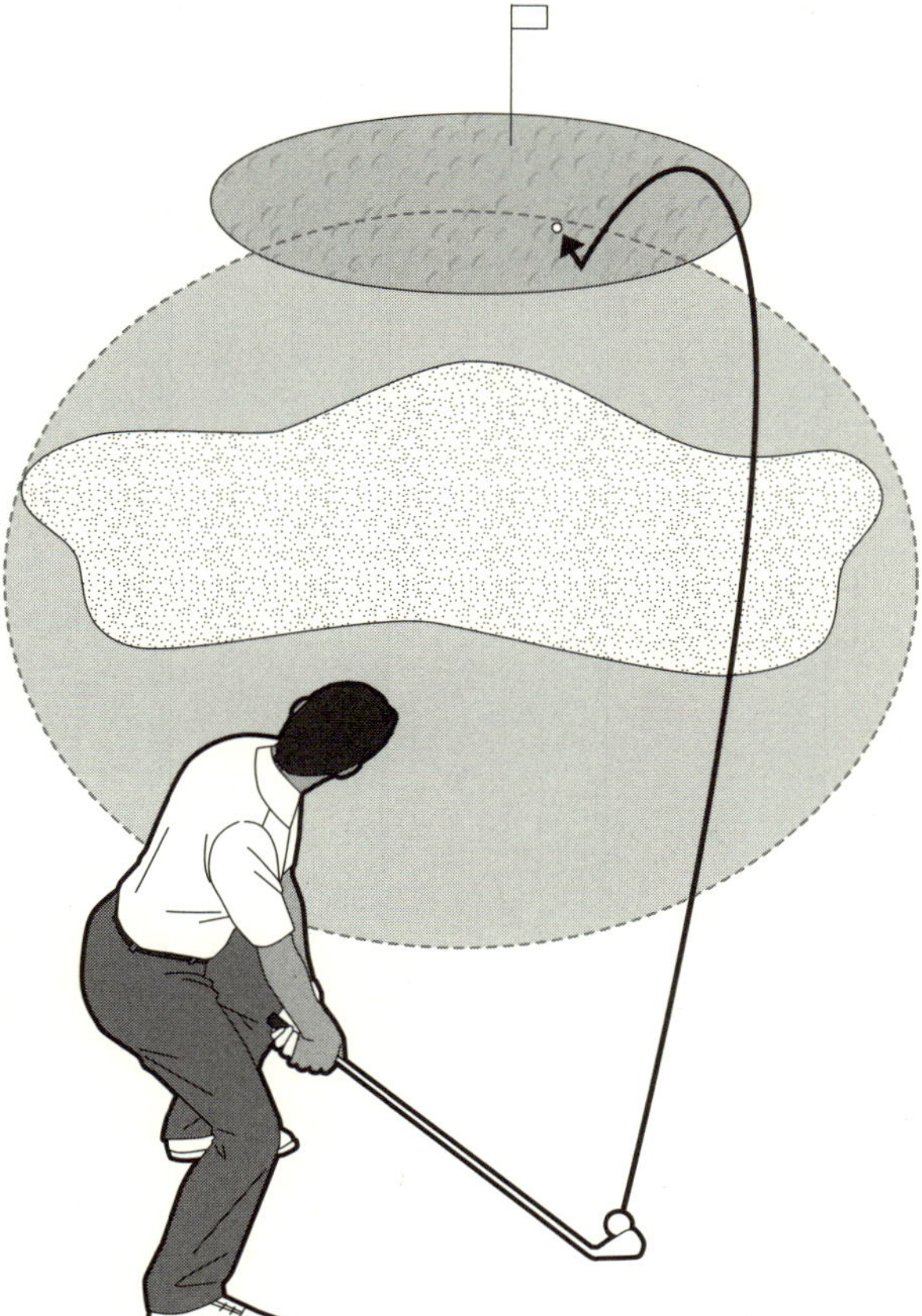

「オーバーは危険」という意識を捨て去り、「視覚的な領域の大きさの違い」に惑わされないようにすれば、ショートする可能性も軽減されます

つまり、プロは5メートル以内なら確実にカップに沈めようとするため、ショートすることはないのです。

しかし、一般ゴルファーはこの距離ではカップに沈めるという意識よりもカップに寄せるという意識が強いため、ショートとオーバーがほぼ同じ比率になっています。

5メートル以内では3パットすることはよほどのことがなければないのですから、確実にオーバーさせれば1パットで直接カップに沈めることも珍しくないのです。

パッティングの名手とは、「1パットでボールをカップに沈めるゴルファー」ではなく、「カップをオーバーさせるパットを打つゴルファー」を言うのです。

②5メートル以上のロングパットではカップに寄せることが重要

次に、5メートル以上のパッティングでは、プロもショートをする確率が高いことが判明しました。

この理由は、ロングパットの目的が3パットをしないで2パットに収めるという大前提があるため、プロもカップに寄せることを主眼においてパットするからです。

結論を述べましょう。5メートル以上のパットなら、アドレスに入る直前に、「このパットは必ずカップに寄る」とつぶやきましょう。

この習慣をつけるだけで明らかに3パットする確率は減少するのです。

■手とクラブで競争してみよう

さて、ショートゲームで大切な能力が「目と手の協応能力」です。それではこの能力に敏感になってラウンド当日のアプローチやパットを洗練させる、ラウンド前の練習グリーンで行うドリルをご紹介しましょう。

パター、ボール、そして数枚のコインを用意してください。まず5メートル以上先にコインを置きます。そのコインに向かって「パター」と「手」でボールを送り、どちらが近くにボールを寄せられるかを競えばよいのです。

簡単にゲームのルールを説明しましょう。

まず、最初にコインを投げて、どちらが先にプレーするかを決めます。コインの表が出たら「パター」、裏が出たら「手」から先にプレーします。

勝敗を決めるルールは簡単です。「パター」または「手」で転がしたボールが目標とするコインに近づけたほうが勝利を収めます。「手」でボールを転がす場合はしゃがんでグリーン上にボールを転がしてください。最初にプレーしたボールは当たらないように、必ずマークしてください。

次のホールは場所を変えて、前のホールで勝ったほうが先にプレーします。もちろんコインの場所を変えて距離を変更してください。傾斜のついたラインを選ぶと、高度なイメージング機能が要求され、ゲームが面白くなります。

マッチプレー方式で9ホールプレーしましょう。たとえば2ホール残して3アップで「手」が「パター」に差をつけたら「3アンド2」で「手」が勝利を収めるわけです。

もちろんこのドリルはゴルフコースの練習グリーンだけでなく、自宅の居間でもできます。

このゲームの結果は手帳に日付とともにメモしておきましょう。このドリルを実行することにより、確実にあなたの「目と手の協調能力」が高まってスコアアップに貢献してくれるのです。

もちろん、このドリルはパッティングだけでなく、アプローチショットでも可能です。

アプローチのできる練習グリーンでピッチングウェッジと手で同じように競争させるのです。

最初は「手」のほうが必ず勝利を収めるのですが、練習を重ねるうちに「パター」や「ピッチングウェッジ」がときどき勝つようになるはずです。

このゲームを習慣づけることにより、楽しみながら目と手の協調動作が高まり、あなたのショートゲームが改良されるのです。

■アプローチショットのプリショット・ルーティンに磨きをかけよう

アプローチショットを成功に導くためには、入念なプリショット・ルーティンが不可欠です。一流のツアープロほど、アプローチのアドレスに入る前にイメージする時間を十分にとり、素振りも入念にやるのです。

なぜなら、アプローチショットには、微妙なタッチが要求されるからです。

通常彼らはティーショットのときよりも、イメージをするために2～3倍の時間をかけるのです。

アプローチショットを成功させたかったら、とにかく入念にイメージを描くことが不可欠です。たとえば、大相撲の力士は仕切りにより、自分の気持ちを高めていきます。立ち会いの瞬間に精神的なピークをもっていくために、実際の立ち会いから勝負が決まるまでの何倍もの時間を仕切り動作にかけるのです。

ゴルフにおいてはレベルの低いゴルファーほど、イメージを描く時間を省略してすぐにボールを打つ作業に入ってしまいます。ボールを打つことだけに興味がいくため、イメージする時間がおろそかになるのです。

しかし、ゴルフの場合も、力士と同じようにショット前の時間をたっぷりとらなければ、いくらアプローチショットの練習をしても効果半減なのです。

それでは、ここでタイガーのショット前の動作について解説してみましょう。

□タイガー・ウッズのアプローチショットの動作について

動作の内容	所要時間（秒）
①クラブを持たずにボールの後ろからイメージをする	0～5
②クラブを持たずにボールの横で素振り	6～8

③もう一度ボールの後ろからイメージ 9〜15
④クラブをバッグから取り出す 16〜19
⑤ボールの横で素振りを2回 20〜26
⑥もう一度ボールの後ろからイメージ 27〜35
⑦ボールの横で素振りを1回 36〜42
⑧ボールの後ろにクラブをセット 43〜56
⑨バックスイングを開始 57

このようにショットするまで約1分間をかけて、少なくとも、9種類の動作をして彼はアプローチショットのバックスイングを開始するのです。

タイガーはこの動作をスムーズに、しかも自動的に行えるようにスイングプログラムの中に組み込んでいるのです。

タイガーのショット前の動作を参考に、一般ゴルファーのために私が作成したその縮小版をお教えしましょう。これは、自分の番が回ってきてショットするまでに許される時間を30秒に設定したモデル動作です。

□アプローチショット前のモデル動作

動作の内容	所要時間（秒）
①クラブを持たずにボールの後ろからイメージをする	0〜4
②クラブをバッグから取り出す	5〜9
③もう一度ボールの後ろからイメージ	10〜14
④ボールの横で素振りを2回	15〜24
⑤ボールの後ろにクラブをセット	25〜29
⑥バックスイングを開始	30

クラブを持たずに時間感覚を意識しながら家の居間をグリーン周りに見立てて、この動作を繰り返し練習してください。

あなたのショット前の動作は一定して、しかもスムーズになり、実際のアプローチショットではピンにピタッと寄るのです。

■イメージによるアプローチショットと上達法

平均的なゴルファーにとって、グリーンに乗らなかったボールをアプローチショットでリカバリーして、パーをとることはスコアをまとめる上で重要なテクニックのひとつです。

特にショートアプローチのボールをベタピンに寄せるには、卓越したイメージング機能が要求されます。

このとき大切なことは、ボールがカップに吸い込まれるイメージを描いて、グリーンのどこにボールをバウンドさせればよいかを決断すること。

そして、実際にそのポジションにボールを着地させるスイングをすればよいのです。

それではここで、自分のイメージしたポイントにボールを着地させる練習方法を紹介しましょう。まず、イメージング機能を働かせてボールの着地ポイントを決めて、そこにコインを置いてください。

そして、そのコインにできるだけ近い所にボールを落とす練習をしてください。正しいボールの着地点を見つけることも大切なのですが、着地点がいくら正しくてもそこにボールを落とすテクニックがなければなんにもなりません。まずコインにボールが当たるまでこの練習を繰り返してください。

コインにボールがヒットしても、ボールがピンに寄らなかったら、あなたのイメージが間違っていたことになりますから、新たにイメージし直して正しい位置にコインを移動させましょう。

そして、最終的にコインをヒットしてボールがピン30センチ以内に寄るまでこの練習を繰り返せばよいのです。

可能なら、3種類のクラブを使用してこの練習をしてほしいのです。つまり、ランニングアプローチとピッチ・エンド・ラン、そしてピッチショットの3種類のアプローチで行うのです。

ルールは簡単です。たとえば7番アイアン（ランニングアプローチ）、9番アイアン（ピッチ・エンド・ラン）、ピッチングウェッジ（ピッチショット）の3種類のクラブでどのショットが最もピンに寄るかを9ホールのマッチプレー方式で勝負すればよいのです。

もしも、自宅の居間でやるなら絨毯の上で3～5メートル離れたところにコインを置きましょう。コインの1メートル後ろにクッションを置いて、ボールを止めましょう。まず、1番ホールは7番アイアン、9番アイアン、ピッチングウェッジの順番で1球ずつショットしていきます。

そして、その3つのショットのうち、最もコインに寄ったショットが勝利を収めます。次のホールの順番は通常のゴルフのプレーと同じように、勝利を収めたクラブがオナーをとり、順番にプレーしていきます。

このようにして、9ホールプレーして最も多く勝利を収めたクラブが優勝です。このドリルを実行することにより、あなたのピッチングショットのテクニックは改良され、同時に3種類のアプローチのうち、どれがあなたにとって一番得意なショットかがわかるのです。もちろんこの練習を行うときには、くれぐれも安全性に気をつけましょう。

■バンカーショットのイメージトレーニング

多くのアマチュアゴルファーが最も苦手としているグリーン周りでのショットがバンカーショットです。

実は、技術のまずさがバンカーショット苦手の原因ではなく、「バンカーショットが嫌い」という意識がバンカーショットを苦手にさせている場合が多いのです。

あなたの打ったショットがバンカーに入ると、あなたの脳裏にたちまち過去のバンカーショットのミスのイメージが浮かび上がり、「嫌だなあ。また失敗しそうな気がする」とネガティブな思考が脳を覆い尽くすのです。

まず、バンカーショットの失敗イメージを脳裏から消し去ることから始めてみましょう。

そのためには、まずバンカーショットの練習に時間を割いてください。そして、バンカーショットがうまくいった感覚をなんとしても、体に覚え込ませましょう。

同時にナイスショットにおけるサンドウェッジがボールのどれくらい手前に入ったかを視覚的に把握しましょう。あるいはナイスショットをしたときのクラブと砂の抵抗感、あるいはそのときのグリップのフィーリングを手の平の皮膚感覚に覚え込ませてください。

そして、バンカーショットをする前にはそのイメージを感覚として浮かび上がらせましょう。そうすればバンカーから一発で脱出する確率が高くなるのです。

あるいは、最初のバンカーショットを万が一失敗しても、決して落胆しないでください。大切なことは、前にも少し触れましたが、次のバンカーショットに入る前に、ゆっくりとした間をとるために、一度バンカーから出ることです。

そこで、2～3回ゆっくりと大きく深呼吸をしたあと、よいイメージを描きながら再びバンカーに入り、落ち着いてアドレスをとればよいのです。

決してショットを打ち急いではいけません。動作をゆったりすることで、そのショットが成功する確率は高まるのです。

ここで、バンカーショットを成功させるための好ましいイメージを紹介しましょう。

それは、ボールを乗せた砂の絨毯をつくってボールと一緒にバンカーから運び出すというイメージを持つことです。

これは私がメンタル面で指導したことのある井戸木鴻樹プロが教えてくれたイメージ

です。ボールの2～3センチ手前から薄く砂を削り取って、まるで砂の絨毯をつくるようにして、ボールを乗せたままピンの方向に向かって飛び上がらせればよいのです。

このイメージがあなたのバンカーショットに成功をもたらすのです。

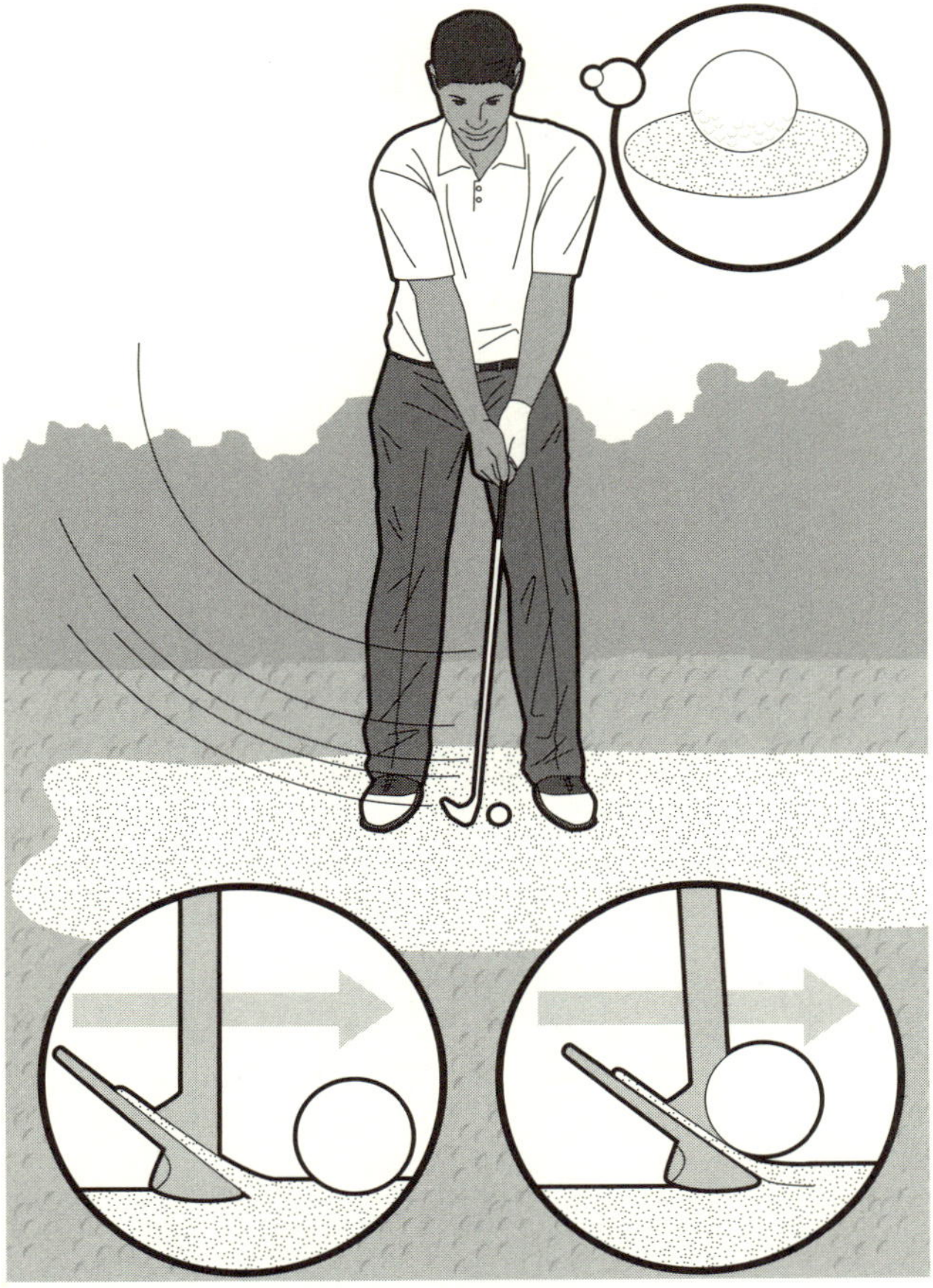

砂の絨毯をボールと一緒にバンカーから運び出すことで、バンカーショットを成功させることができるようになります

・すべてのショットの55～65パーセントを占めるグリーン周りを克服しましょう
・感覚を磨いてショートゲームを洗練させましょう
・アプローチやパットはカップをオーバーさせましょう
・ティショットのときよりイメージする時間を2～3倍かけましょう

7章　パッティングの達人になれるメンタルテクニック

■こうすればパッティングの達人になれる

これまで、私は主に心理学の観点からパッティング上達に関する研究を続けてきました。パッティングの達人になるためには、すでに解説しているイメージング機能を働かせることが大切です。

多くのアマチュアゴルファーはパッティングのラインイメージを描く作業にあまり時間をとりません。しかしその代わり、アドレスをとってから迷いが生じるため無駄な時間を費やしてしまうのです。その結果、大抵の場合ミスパットにつながるのです。

しかし、たとえばタイガーはパッティングするときイメージすることに時間を費やすのです。ボールの後ろからたっぷり時間をかけてタイガーは最終的なパッティングラインを決断します。このときにかける時間はさまざまです。当然難しいパットほど時間をかけることは言うまでもありません。

ただしアドレスをとったら、タイガーはあまり時間をかけずにいまイメージしたライン上に最適のボールスピードで打ち出す作業に集中するのです。

まず脳のイメージング機能を活用して、時間をかけてしっかりラインを読み、間違っていてもよいからこれから打つラインを決断しましょう。

最終的にラインが決まったら、アドレスをとってボールとカップのあいだにゆっくりと2~3度視線を移動させ、距離感を確かめたあと、最後にカップからボールまで逆向きにライン上に視線を走らせましょう。

あとは距離感のイメージを働かせてライン上にボールを乗せることだけを考えてストロークを開始すればよいのです。

もしもボールがカップを外れてもガッカリすることはありません。じっくり時間をとってラインを決める。あとは自分が決めたラインに乗せることだけに意識を絞り込んでパターのバックスイングを開始する。この習慣をしっかりと身につけることです。

もちろん、パットがカップに入るか、入らないかにはあまり反応してはいけません。この本でも再三強調していますが、あなたはコントロールできないことに過剰反応すべきではないのです。

ボールがカップに入るか、入らないか。50センチ以内のパットでない限り、その

ことに関してあなたはほとんどコントロールすることはできないのです。

この態度を貫くうちに自分がイメージしたライン上にボールを乗せられることが実感としてわかるようになります。あとは正しいラインさえ読むことができるようになれば、必ずボールはカップに沈み込むのです。

間違ってもよいからしっかりとイメージを働かせて「エイヤッ」と、パッティングのラインを決めてください。あとはタイガーのように、これから打つボールを最適の初速でラインに乗せることだけにひたすら没頭すればよいのです。それがあなたをパッティングの達人に仕上げてくれるのです。

さてこれができたら、次は自己暗示のパワーを活用しましょう。

「自分の打ったパットは必ず入る」という自己暗示のメッセージを繰り返し自分自身にささやく習慣をつけることが大切なのです。

自己暗示のテクニックはあらゆるスポーツで威力を発揮します。たとえば、プロ野球でバッターがバッターボックスに入るとき、同じピッチャーと対戦するときでも、「必ずヒットが打てる」と信じ込んでいるバッターと、「3振に打ちとられるかもしれない」と不安を示すバッターとでは、同じ才能でもヒットを打つ確率は、おのずと違ってくるのです。もちろん前者のほうがヒットを打つ確率が高いことは、言うまでもありません。

パッティングもそれと同じこと。「カップを外れるかもしれない」と考えた時点であなたが打つパットがカップに入る確率は低下するのです。

反対に「ボールがカップに吸い込まれる」と暗示をかけてパットすれば、カップに入る確率は高くなるのです。

自己暗示のメッセージを必ず脳は受け取って、そのメッセージにできるだけ忠実な行動プログラムを作成してくれるのです。

ここで私がこれまで指導してきた多くのツアープロのためにプレゼントした「パットの達人になるための成功のメッセージ」を**表18**に示します。

彼らの多くがいまだにこのメッセージをポケットに忍ばせ、トーナメントの最中にこれを読み返す習慣を身につけています。

この表も特別収録「MODEL SWING MINIBOOK」に掲載してありま

■表18

パットの達人になるための成功のメッセージ 1．私はパットが好きだ 2．私はパットすることが楽しくて仕方がない 3．とにかく自分が決めたラインにボールを乗せること に全力を尽くそう 4．ボールがカップに沈んだとき 「思い通りのパットができた。パットは楽しい」 とつぶやこう 5．ボールがカップを外れたとき 「次のパットは必ず入る」とつぶやこう

す。暇を見つけてこのメッセージを自分にささやきかけましょう。

それだけで自己暗示の効果が働いて自信を持ってパットができるようになるのです。

■感性を高めてスコアアップを実現しよう

若い頃のタイガーはもちろんのこと、石川遼プロを始めとした10代のゴルファーの躍進は若さ特有の感性の鋭さと無関係ではないのです。

感性は論理的思考と対極にあるもの。だからゴルフの経験を重ねるとともにこの才能はむしろ鈍っていきます。

あのゴルフ界の帝王ジャック・ニクラウスですら自分の過去のゴルフ人生を振り返って、「経験を積み重ねるにしたがいすべてのショットが洗練されていったが、パッティングだけは私が10代のときが最高だった」と、語っています。

実はゴルフにおいてこの感性というものは、目と手の協調能力だけでなく、聴覚や触覚といった感覚器官とも深い関連性があるのです。普段ゴルフで酷使しているあなたの視覚に比べて聴覚と触覚は鍛え方が明らかに不足しています。

聴覚と触覚というふたつの感覚器官を積極的に鍛えれば、感性が磨かれ、パッティングの上達に貢献してくれるのです。

結局のところ、ゴルフは感性のスポーツなのです。

視聴覚を鍛えるにはゴルフをしているときだけでなく、普段から日常生活の中で感覚器官を鍛える行動を身につけることです。

見逃しやすい微妙な感覚をいかにして敏感に察知するか。この能力がゴルフの上達を左右するのです。

フィギュア・スケートの浅田真央選手や卓球の福原愛選手も感性や直感を最大限活かしたプレーをしているため素晴らしいパフォーマンスが発揮できるのです。

ところが残念なことに、私たち大人は歳をとるとともに感性がどんどん衰えていき、論理を優先させてプレーする傾向があります。

つまり、知識が災いして感性の衰えを生み出し、それが結果的にミスショットを

生み出しているのです。

仕事ならともかく、少なくともゴルフのスイングという身体運動に関して言えば、それは脳の論理的思考ではなく、感性や直感によってコントロールされていることを知るべきです。

それだけでなく感性の衰えは微妙なタッチが要求されるグリーン周りのアプローチや、グリーン上でのパッティングラインの読む作業にも悪影響を与えます。

つまり論理を封じ込めて感性でプレーすることを優先させればあなたの潜在能力が高まり、素晴らしいプレーができるのです。

ここで感性や直感力をもう少しわかりやすく解説してみましょう。グリーンでの歩測はゴルファーにとってそれなりに効果的なものです。しかし逆に絶対的な距離に頼ってパットすることが、グリーンの傾斜や芝目といった、それ以外の重要な情報をキャッチする感性を封じ込めてしまうこともあるのです。

サルが木から木へ見事に飛び移るシーンをテレビなどで見たことがあるでしょう。このときサルは向こうの木まで距離をいちいち計測して飛んでいるわけではありません。

感性を働かせてその距離だけでなく風向きまで正確に、しかも瞬時に把握して本能的に隣の木に飛び移るのです。

それでは感性や直感力を磨く具体的なトレーニングはないのでしょうか？

そのためには**表19**に示した「ゴルフの感性や直観力を磨く習慣」を実行することです。むやみにボールを打つことだけが上達の唯一の方法ではないのです。

1日5分でよいから、毎日の歯磨きと同じようにトレーニングを習慣化させてください。そうすれば自然に感性や直感力が高まり、簡単にベストスコアでラウンドできるようになるはずです。

さらに**表20**に日常習慣の中で「視聴覚を鋭くする行動リスト」をまとめました。気に入ったものを日課として1日5分間でよいので毎日励行することにより、確実にあなたの感覚器官は鋭くなり、ゴルフのスコアアップに貢献してくれるはずです。

■パッティングでボールの転がりをチェックする

パッティングにおいて正しい距離感を出すためには、まずラウンド前の練習グリーン

■表19

ゴルフの感性や直観力を磨く習慣

1．感性を働かせて自分の意思で
バッグからクラブを抜く

2．ときには歩測しないで感性を頼りにパットしてみる

3．2～3メートル離れたクッションめがけて
ボールを投げる

4．ダーツやビリヤードのような
的を狙うゲームに親しむ

5．直感に従いレストランのメニューを素早く決める

■表20

視聴覚を鋭くする行動リスト

1．電車の吊り広告を一瞬見て
その内容を読みとる（視覚）

2．景色の中の傾斜に敏感になる（視覚）

3．通勤電車の中の雑多な音を聞き分ける（聴覚）

4．ショット練習でインパクト音に敏感になる（聴覚）

5．物をつかむとき
手の平の感覚に意識を集中させる（触角）

6．グリップの感覚やボールの表面の感触に
敏感になる（触覚）

でのパッティングの練習でその日のグリーンの速さをチェックする必要があります。ボールをカップに入れるパットの練習よりもこのチェックを優先しましょう。

あなたの右脳にボールの転がるスピードを覚え込ませる作業ですから、ただボールの転がりをしっかり観察するだけでよいのです。視覚を通してボールの転がりを把握すれば、右脳が自動的にそのイメージを記憶してくれるのです。

実際のラウンドのグリーン上であなたのやることはボールからカップまでの状況をイメージで判断して、あとは右脳に任せてストロークすればよいのです。

決してラインや距離感について思考するという感覚ではなく、イメージを大切にしてください。なぜなら思考すると、途端に左脳が活動し始めるからです。

イメージング機能が結果を左右するパッティングにおいて、右脳主導によるアプローチが求めるのです。

もしも、パットの結果がよくないときには、あなたの技術がまずいのではなく、

右脳がボールの転がりイメージを鮮明に把握していない可能性が高いのです。

もちろん、ラウンド中にも自分が打ったパットやほかのプレーヤーが打つボールの転がりイメージを積極的に視覚イメージとして右脳に取り込んでください。あなたのパッティングにおける距離感は確実によくなっていくはずです。

人間の脳は同時にふたつのイメージを浮かび上らせることができません。だから、カップに入れようとする意識が強過ぎると、転がりイメージを把握することができないのです。

だから、ときにはカップを取り除いて、ボールの転がりイメージを把握することだけに専念するパット練習を組み込んでください。

それでは練習グリーンでの転がりイメージを把握するドリルを簡単に紹介しましょう。まず、傾斜したグリーンを選択して、その中央にティーを刺します。次にティーから3メートルくらい離れた四方向からパッティングをしてください。

これによりあなたは上り、下り、スライス、フックの4種類の転がりイメージを把握することができるのです。パットする領域とカップまでの距離を変化させながら練習を繰り返しましょう。

さまざまなラインや異なった距離でパッティングをすることにより、右脳はその日のグリーンの転がりイメージをしっかりつかんで、スコアアップに貢献してくれるのです。

■カップを忘れてパットの技術を向上させよう

パッティングの練習では、ほとんどのアマチュアゴルファーがカップに入れる練習に意欲を注ぎます。しかし、真剣にパッティングの上達を願うなら、カップに入れる練習をときにはやめて、正しいストロークをマスターするための練習に打ち込むべきです。

まずボールの行方を見ないパットのドリルに取り組みましょう。「ボールがカップに入る音を聞け」。私はこの格言が大好きです。

なぜならパターフェースからボールが離れた瞬間、もはやボールをコントロールすることが不可能である以上、ボールの行方を見る作業は必要ないからです。

それよりもパターフェースとボールのインパクトポイントを凝視して、インパクトでなにが起こっているかを脳に教えてやる作業が大切なのです。

パターフェースのどこにボールが当たったか、あるいはインパクト直後にボールがどのような回転で転がり出したか。インパクトを注視する習慣をつけるだけで、あなたのパッティングは着実に上達していけるのです。

以下に述べるのは、マスターズチャンピオン、ニック・ファルドが実行しているパッティングドリルです。

まず、グリーン上にコインをセットします。次にコインの上にボールを置いて、通常通りのパッティングのストロークをしてください。

ただし、頭はインパクトに残したまま、コインを見続けること。

このドリルにより、あなたはインパクトポイントに頭を残してパターフェースのスイートスポットでしっかりボールをとらえることができるようになるのです。もちろんこ

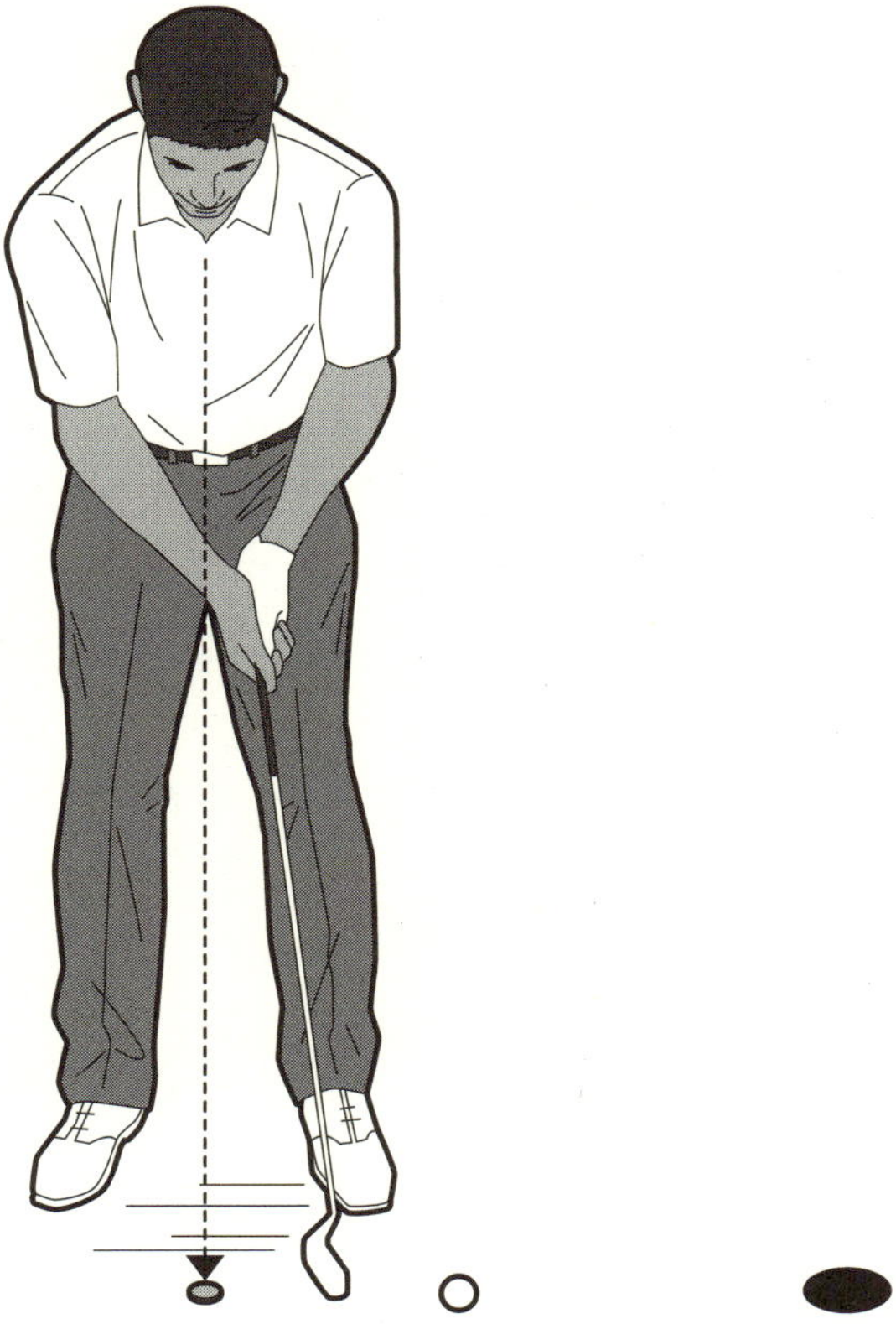

コインを注視し続けることによって、インパクトポイントに意識を残し、パターフェースのどこにボールが当たったかなどを理解することができるのです

のドリルによりパットが着実に上達することは間違いありません。

もうひとつ私が推奨するパッティングドリルは、「グリップを意識してパットするドリル」です。パットの成否はあなたの腕の動きに大きく依存します。タイガーやフィル・ミケルソンはパッティングのアドレスの際にグリップを何回も握り直します。あるいは、丸山茂樹プロも18ホールのうちに数種類のグリップを使い分けることがあると言います。このようにデリケートなタッチを要求されるパッティングには、グリップに十分意識を払ってストロークすることが不可欠なのです。

やり方は簡単です。まず、通常のアドレスをとってください。次にパターフェイスをボールの後ろにセットします。静止した状態で視線をグリップに固定します。

そして、手の動きを観察しながらストロークするのです。ボールの行方は一切無視してください。もしも、ボールの行方が気になるなら、前方に電話帳などを置いて、ボールを横にキックさせてください。

このドリルを繰り返すことにより真っ直ぐに引いて、真っ直ぐに出していく腕の動きを洗練させてください。

■目を閉じてストロークするドリル

私たちの感じる情報量の70~80パーセントは視覚を通して入ってきます。しかし、視覚はときとして、上達を阻む要素にもなり得るのです。つまり視覚に頼り過ぎるあまり、ほかの感覚器官の機能低下がゴルフの上達に悪影響を与えるのです。たとえば、ときどき目を閉じて聴覚に意識を集中させましょう。すると、いままで聞こえなかった音が聞こえてくるはずです。

風呂の湯の温度を手で確かめるとき、私たちは視線を天井や壁のほうにそらします。あるいは、ワインをティスティングするときには、無意識に目を閉じるのです。つまり、ときとして視覚は、ほかの感覚器官を働かせるときの邪魔になるのです。

パッティングは、あらゆるショットの中で最もデリケートな感覚が要求されるショットです。

あなたは3メートルと4メートルのパットを打ち分けるストロークの感覚の違いを知らねばなりません。とくに下りのラインを読み切ってカップにボールを放り込むには、素晴らしい読みと繊細な腕の動きが要求されるのです。

目を閉じてストロークすると、いままで得られなかった微妙なグリップの感触が手の平の皮膚感覚を通じて得られるのです。

それでは実際に「目を閉じてパットするドリル」を簡単に紹介しましょう。このドリルは、練習グリーンでも自宅の居間でもできます。このドリルではカップを用意してください。自宅の居間でやるときにはゴム製のカップを用意しましょう。

まず実際のパッティングと同じように、ボールの後ろからイメージして、アドレスをとってください。

次にパターをボールの後ろにセットします。この状態でバックスイングを開始して、インパクトの直後に目を閉じて実際にボールを打てばよいのです。その感覚が目を開けて打つパットとは随分違うことを体感してください。

ショットをしたあとも、目を閉じたまま、インパクトの音やストロークの感触を感じながらボールがカップをオーバーしたのか、ショートしたのか、あるいはカップの左側に切れたのか、それとも右側に外れたのかを予測してください。

視覚を遮ることにより、あなたのほかの感覚器官は驚くほど鋭敏になっているはずです。

その後、目を開けてください。あなたの予測と実際のボールの位置はどれほど違っていたでしょう。最初予測したボールの位置と実際のボールの位置あいだには大きなギャップがあるはずです。しかし、この練習を積み重ねることにより、あなたの聴覚や触覚は次第に敏感になり、目を閉じていても、実際に打ったボールの止まった位置を敏感に感じとることができるようになるのです。

ときどき、視覚を遮断して、パットする習慣をつけてください。あなたのパットに、もうひとつの能力が加わるのです

■確実にカップに沈めるショートパットのドリル

このドリルはショートパットを確実に決めるための方向性を重視したドリルです。

ショートパットを簡単に外してしまうゴルファーは次に示すふたつのドリルを実行することにより、間違いなくミスパットを減らすことができます。

ドリル1　パターフェースを目標に向けるドリル

これはパターフェースがしっかりと目標に向いているかどうかをチェックするドリルです。まずボールを置いた位置より1～2メートル離れたところにティーを刺してください。自宅の居間でやるときにはコインで代用してください。

通常のストロークでティー（またはコイン）を狙うのです。打ったボールがティーの真ん中に当たる（あるいはコインの真上を通過する）まで練習を止めないでください。

次にボールの直径よりも両端5ミリだけ間隔を開けてティーを刺してください。そして、同じく1～2メートル離れたポジションからこの2本のティーのあいだを通すのがこのドリルの目的です。自宅の居間でやる際には、同じ間隔の2冊の厚い本のあいだにボールを通してください。

この練習により、あなたのパターフェースはしっかり目標を向くようになり、同時に格好の集中力のトレーニングにもなるのです。

ドリル2　直線的にストロークすることを学ぶドリル

これは2本のクラブを使用してパッティングのストロークを直線的に動かすドリルで

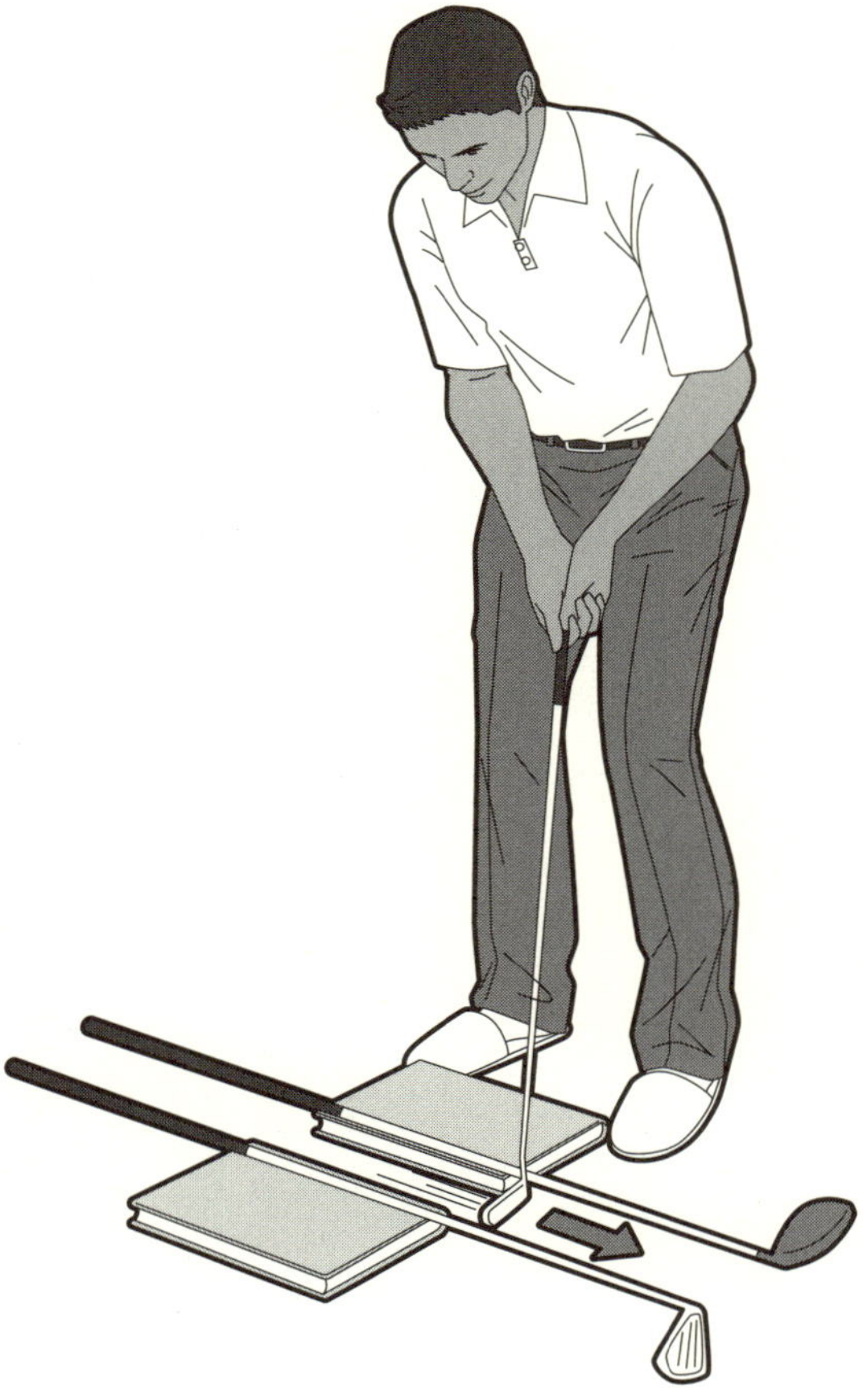

ドリル2を実践することにより、パターのストロークが直線的な軌道を描けるようになります

す。

まず、厚さ1センチくらいの2冊の本を用意します。その上にあなたのパターフェースの幅よりも少し広い間隔を開けて適当なクラブを2本平行に置きます。

この2本のクラブのあいだでストロークをしながらパットすればよいのです。ストロークの際に、パターがこの2本のクラブのシャフトに触れてはいけません。もしも、5回このストロークをしても、毎回シャフトに触れるようなら、2本のクラブの幅をもう少し広げてください。

反対に5回連続してパターがクラブに触れないのなら、もう少し2本のクラブの幅を狭めればよいのです。

このドリルを実行することにより、あなたのパターのストロークは直線的な理想の軌道を描くようになるのです。

・パットはイメージに時間をかけ、アドレスしたら迷わず打ち出しましょう
・「自分のパットは必ず入る」と自己暗示のメッセージを繰り返しましょう
・パットを打ったらボールを見ずに、インパクトに注視する習慣をつけましょう
・パッティングに必要なデリケートな感覚を養いましょう

8章　小田孔明スペシャルインタビュー

小田孔明

KOMEI ODA

1978年6月7日、福岡県出身。東京学館浦安高卒業後、西日本ＣＣの研修生を経て2000年プロテスト合格。2007年は賞金ランク９位。身長176センチ、体重95キロ。血液型Ａ。

児玉 ゴルフを始めたのはいつ頃からですか？

小田 初めてクラブを握ったのは小学校1年か2年の頃ですね。父が手嶋太一さんがやっている練習場のメンバーだった関係で遊びに連れて行かれて、体格がいいからゴルフやってみればと言われ、それからです。小学校5年でジュニアの大会に出場しました。

児玉 そのときの成績は？

小田 ジュニアでは九州ジュニア3位が最高位です。高校は東京学館で寮生活だったんでゴルフ漬けで、本当に厳しかったですね。1年で初めて入ったときに、自分ではうまいほうかなと思ってたんですけど、ひとつ上に近藤智弘さんたちがいて、「なんだこの人たちは」ってくらいの高いレベルでした。「なぜこんなコースをアンダーで回れるのか」と驚きました。そこで先輩のゴルフを、必死で見て憶えたんです。学校が始まる前は朝練に行って、ひたすら走るだけ、学校の屋上にネットが張ってあったんで、時間が空けば常に球を打っている状態でした。結局2年でレギュラーになることができ、その年に団体戦の優勝も経験できました。

児玉 高校卒業後はどのような道を？

小田 大学からも推薦がきたんですが、1日でも早くプロになりたかったんで、九州に戻って西日本カントリークラブで研修生になりました。プロテストを受けたのは22歳のときです。

児玉　高校卒業からだいぶ経っていますが、なぜその時期に？

小田　あえて受けなかったんです。父がＯＫと言うまで……。

児玉　それまではどんな練習をしてたんですか？

小田　朝一番でハーフ回って、そのあとはキャディ。ちょうどその頃、プロの金城和弘さんと仲良くなって、もう毎日のように挑んでたんです。挑んで負けて挑んで負けての1年間でしたが、それが楽しくて、負けたくないから練習して……1年で自分が大きく伸びているのが実感できました。そして2年目になると、金城さんにもたまに勝てるくらいになったので、もうプロテストにいけるだろうと思い、父に相談しました。ところが、父がスコアブックからデータ分析して、まだ平均ストロークが足りないからプロテストを受けても難しいだろう、ただ受けて落ちるくらいなら受けないほうがよいと。そして3年目、もうどうしても受けたくて、「自信があるから」と言ったんですが、父は納得せずにお金を出さないと。そのときに姉が「私が全部面倒見てあげるから、そのかわり落ちたら自衛隊に行きなさい」と。その条件でプロテストを受けることができました。そのときほどのプレッシャーを経験したことはないですね。

02年からレギュラーツアーに出られるようになって1年目で89位、2年目も90位くらい、去年（07年）は中日クラウンズでの3位などでトップ10に入ることができました。

児玉 日本オープンで3日目にトップになりましたよね。そのときはどんな精神状態でしたか？

小田 練習ラウンドのときに夢を見たんですよ。僕は滅多に夢は見ないんですけど、日本オープンで優勝している夢を見たんです。初日は1アンダーだったんで、これはいい感じだなと。2日目はいつも鬼門なんですが、この日も1アンダー、3日目は前半でバーディラッシュが来てこれはいけるかなと、18ホール終わってボードを見るとトップになってたんで、アレっと。で、その日は夜、眠れませんでした。

児玉 それで最終日を迎えたと。

小田 結局、80叩きました。

児玉 その日1日のプレーをメンタル面で振り返ってもらえませんか？

小田 朝から興奮状態でした。眠れないんで、午後スタートだったんですけど朝から練習場に行きました。最終組スタートなのにそんな時間に行って、ギャラリーがびっくりしていましたね。「緊張してるくらいならボールを打っているほうがいいだろう」という気持ちでした。自分では緊張がほぐれたつもりだったんですが、片山晋呉さんとふたりでスタートホールに立ったとき、周りがシーンとして、このときに日本オープンの重みというものを感じましたね。あたりが凍りつく感じ。早くこの雰囲気から逃れたいなと思い、普段よりルーティンが早くなってしまいました。

1番ホールのショット自体はよかったんですが、自分が思っている以上に球が飛ぶんですよね。アドレナリンが出ている状態だったんでしょうね。グリーンからボールが落ちてしまいました。スイングもいつも以上に早くなっているし、もうパニックですよね。

次の2番が難しいショートホール、厳しいラインを入れてバーディを取って、片山さんが3メートルのパットを外したんです。このときに「勝ったかもしれない」と思った瞬間、もうダメだったんですね。このあとはもうショットがフェアウェイに行かないんです。で、ボギーが止まらなくなってしまって、こんな状況を打破するためにアイアンで打つところもドライバーを打とうと、それがまた甘いところだったんでしょうね。ますます状況を悪くしてしまいました。日本オープンでは打ちのめされはしましたけど、もうあれ以上の緊張感はないだろうと思っているんで、よい経験になったとは思います。

児玉　07年のシーズンは非常に成績が安定してましたよね、予選落ちもほとんどなく。これまでと現在でメンタルの成長に関して思うことはありますか？

小田　一番のきっかけは中日クラウンズで3位に入ったことですね。みんなが難しいと言っていたコースで3位になれたことで、自信になりましたし、それまでは予選を通ることばかり考えていたのが、もっと上のレベルのことを考えられるようになりました。それまでは緊張すると手に汗をかいていたんですが、07年はそれがまったく出なくなりました。「手に汗をかかなくなったことが、まずメンタル面で自分が成長したな」と、最も感じられる部分です。

伊澤（利光）さんとの出会いも大きかったですね。伊澤さんが調子が悪いときにたまたま同じジムに来ていて、体調が悪いときにどういうトレーニングをしているんだろうと見ていると、あれだけの選手がものすごいトレーニングをするんですよ。そのときに自分のトレーニングの未熟さに初めて気づかされました。

児玉　僕もいろんなツアープロと話をするんですけれど、自己イメージという心理学のテクニックが重要なんですよ。自分がこれだけのプレーヤーだと決めつけてしまう。自分はもうチャレンジのレベルのプレーヤーだと思ってしまうと、絶対にレギュラーツアーには行けないんです。いまの話を聞いていると、たとえば中日クラウンズの話が出てきましたけど、ほかのプレーヤーが悩んでいるコースを難しくないと感じられる。これはすごく大事な事だと思います。だから「意外と無頓着な部分」が小田プロのよいところなのかもしれませんね。

小田　メジャーの試合ってコースセッティングを難しくするじゃないですか。僕はメジャーの試合が好きなんですよ。自分がしっかりとゴルフしていけば、周りが崩れるので自然に上位に行けると。だからメジャーでの予選落ちは1回しかないんですよ。

児玉　「自分に限界をつけない」ということが非常に大事なんです。苦手意識をとっぱらってね。

小田　昔は自分に限界を感じていたこともあるんです。ところがまだ自分はこんなもんじゃないという意識が急に現れたんですよね。自分が意識して変えようと思ったわけじゃないんですけど。

児玉　たぶん、なんでもそうだと思うんですけど、無意識に設けてしまっている限界を取り除かないと、いくら練習してもだめなんですよ。

SRIXON

ゴルフにおけるメンタルの重要性

児玉　たとえばプレッシャーを感じるとき、なにか意識して変えることはありますか？

小田　前にも話しましたが、僕はまずプレッシャーを感じると手に表れるんです。だから迷わずに行う作業としては手袋を変えることです。あとは水を飲みます。そうすると我に返れるんです。プレッシャーがかかると早く打ちたい、早く行きたいとなってしまうんで、それはキャディが止めてくれます。だからアマチュアの方がプレッシャーがかかる場面を迎えたら、とにかく落ち着けるようななにかをすればよいと思います。水を飲んだりとか、とにかくひと呼吸入れることです。

児玉　たとえば前のホールで大叩きしてしまった場合、次のホールに引きずりますか？

小田　僕は引きずらないほうです。

児玉　具体的に工夫していることはあるんですか？

小田　ギャラリーに対して悪いイメージかもしれませんが、選手によってはクラブを叩くようなことをする人もいますよね。でもそれが気分転換になるんです。僕の場合はキャディに対して強い口調になったりします。自分が悪いとわかってはいるんですが、それがはけ口になるんです。キャディもわかってくれていますから、「すみません」などと言ってくれます。それで次のホールでは気持ちが切り替わっています。

児玉 それもひとつのテクニックですよね。スポーツ心理学ではよいときはその気持ちを持続して、悪いときにいかに気持ちを切り替えるかということがとても大事なんですよ。とくにアマチュアの方の場合は次のホールに行っても前のホールの失敗が頭に残ってしまっている。

小田 これは僕の考えですけれど、途中であれば、まだ何ホールも残っているじゃないかと、そういう考えになってほしいですね。そう考えていまダボを打っても残りをパーで刻んでいけば2オーバーで上がれると。たとえばアベレージが90台の人がダボを打って、残りボギーでもどこかでひとつパーをとれば90になるじゃないですか。そういう長いスパンで考えられればプレッシャーがかかることもなくなるし、感情を乱すこともないと思います。ダボを打っても次のホールでパーがとれれば差し引きゼロだと。僕らでもダボを打っても残りでバーディふたつとればチャラになるなと。とにかくプラス思考で考えることです。僕らも練習ラウンドでは沈んでいる相手に「ネガティブだねー」などとお茶らけて言えば、和んだりするわけです。一緒に回るパーティでひとりが落ち込

んでしまうと、周りにも影響してしまうんです。だからポジティブな人についていると自然と自分もそうなってくるものです。また自分がポジティブでいれば周囲にもよい影響を与えられる。

児玉　元々ゴルフというのはマッチプレーでしたよね。だからあるホールでダボを打っても、次のホールでは新たな気持ちでティアップできればメンタルもだいぶ変わってくるはずです。

小田　それから、大切なのは、上位に来る人っていうのはどんな状況でも絶対に試合を捨てませんね。これはチャレンジなんかで回るとあることなんですが、2番ホールくらいで「もうダメだ」と試合を投げてしまう選手がいるんですよ。そういうマイナス思考は一緒に回っている僕たちのなかにも入ってきてしまうんです。ひとりがよいときは一緒に回っているほかのプレーヤーもよくなるもんなんです。だからそんなとき、僕は相手によく話しかけて場を盛り上げるようにしています。それが自分に返ってくるんです。だからアマチュアの方も一緒に回る人と雰囲気よくプレーすることが大事なんじゃないでしょうか。

児玉 投げない、ということは本当に大切ですよね。

プリショット・ルーティン

児玉 少し話は変わるんですが、プリショット・ルーティンは意識していますか？

小田 意識し始めたのは片山さんを見てからですね。正確で理にかなってるんです。膝のライン、肩のライン、目線のライン、すごく勉強になります。これは一緒に回って気づいたことではなく、テレビを見て学んだことなので、アマチュアの方にも参考になると思います。それを気にしだしてから、パターもよくなったし、ショットに対してもフェードを打つイメージ、ドローを打つイメージ、目線で高いイメージ低いイメージ、すごく勉強になりました。

児玉　それは片山プロと話をして学んだことですか？

小田　いいえ、これは僕から見て片山さんはそういうイメージをしているんだろうなと、一緒に回ってみてさらに確かになりました。

児玉　アマチュアの方はじっくり時間をかけてルーティンをすべきだと。

小田　自分に型がない人はそうしたほうがよいと思います。

児玉　アドレスに入ってからがショットだとアマチュアの方は思いがちですが、アドレスに入る前も非常に重要だと。

小田　そうですね。ボールの後ろから入って方向を決める、それだけでイメージが湧いてくるんです。イメージってすごく大切なんですよ。アマチュアの方はたとえイメージ通りに球が飛ばなくても、イメージすることで脳が働いてくれると思うんです。僕らプロでもイメージが湧かないときはよいショットが打てないんで、ボールに向かって歩いて行く際に方向とか風を感じながらイメージを固めていくんです。セカンド地点に着いて、グリーンを見たときに「ピンが右サイドでフェードで手前から何ヤード転がって」というイメージが表れたときにはそういうショットが出ますもんね。

児玉 そういうところがアマチュアに情報として伝わってこないというのは、ひとつはトーナメントを見ているとそういう場面は映されていないんです。アドレスを構えて最終のバックスイング開始の所からしか映さないから、そこが全てだと思ってしまうんだけど、実はそうでなく、プロはそこに入るまでに試行錯誤してイメージを絞り込んでいって、最後ひとつに決めてアドレスに立ったときにはもう決断しているわけですよね。ところがアマチュアはアドレスになってもまだ迷っているわけです。

小田 そういった部分で見ていて一番勉強になるのが片山さんです。あれだけの選手があれだけのルーティンをする、そう考えると一般ゴルファーが普通に構えてすぐに打てるわけがないんですよ。それだけルーティンは大切なんです。

練習場ではアイアンとスプーンを極めよう

児玉 ゴルフ練習場で見ていると、ほとんどのアマチュアの方がドライバーの練習をしているんですよ。そのことについてはどう思われますか？

小田 僕たちがドライバーを打つのは20球打てばよいかな、というくらいです。コースで使っても最大で14回ですから、そんなに打つ必要がないんです。アマチュアの方はドライバーが一番不安なんでしょうけど、アイアンであろうがドライバーであろうが基本は全部一緒なんです。僕の場合はまず9番から始めます。9、7、5、3という順でロングアイアンを打って、次にフェアウェイウッドを打って、ドライバーを打って、最後にウェッジになります。

児玉 どうしてその順番になるのですか?

小田 ウェッジから始めるプロもいるんですが、僕の場合、そうするとコンパクトなスイングになってしまうんです。だからまず9番で体をほぐすようなショットから始めて、7番くらいから本格的に狙い始めて、5番をメインでやりたいんでその過程での9と7です。5番で200ヤードをしっかりコントロールできるようにして、次に3番アイアンでその上を目指します。そして2番アイアンでティアップしてフェアウェイに打てていることを確認する。その後、芝の上でスプーンでフェード、ドローを打ったあとでドライバーで今日はどんな球が出るのか、その調子によって低い球を抑えて打ったり、高い球を打ったりなどを確認します。最後にウェッジで5~60ヤードから始めて最後100ヤードを思い切り打つ。コースではアイアンを打つことが一番多いんで、まず5番アイアンを固めるべきだと思います。アマチュアの方はスプーンをあまり打ちませんね。このクラブがコントロールするのが一番難しいんで、スプーンがうまく打てればドライバーを打つのは意外と簡単なんです。だから僕がアマチュアの方に勧めたいのが、まず練習場でスプーンを打ってください、ということですね。

児玉 アマチュアの方がドライバーを打ちたがるのは、普段の仕事のストレス解消の意味もあるかと思います。ただ、それがスコアに結びついているとはあまり思えないですね。

小田 本当に上手くなりたいんであれば、アイアンを中心に練習することですね。

児玉 ラウンドを想定した練習をすることも大事だと思うんですけど。

小田 そうですね。プロの練習を見ているとわかると思いますが、ウェッジでも、正面のグリーン、右のグリーン、手前のグリーンと想定して、いろんな方向に打ってるはずです。いつも同じショットをしているプロは絶対上手くないです。僕らが見てても7番アイアン、5番アイアンと全部ストレートで打つ人は、たいしたプロじゃないな、と思ってしまいます。ツアープロであれば、あえて右に打ってみたりとか、イメージを持って練習していますね。

児玉　いろんな技を多彩に使い、しかもコースをイメージしての実戦的な練習であるというのが、プロの特徴ですよね。

小田　僕もドロー、フェード、高い球、低い球など、いつも8種類くらいの球筋を練習しています。

児玉　アマチュアの方もできるだけ多彩なショットを練習場のなかでトライすることが大事だと……。

小田　さすがに球の打ち分けというのは難しいと思いますが、挑戦してみるということが大切だと思います。いろんな球種を打つことで初めてストレートの球というものがわかってくるんです。

グリーン周りの克服がスコアアップに

児玉　僕はゴルフの本の執筆だけでなく、アメリカで刊行されたゴルフ本の翻訳もしているんですが、デイブ・ペルツというパッティングの著名なインストラクターがいるんですけど、彼の本のなかでグリーン周りというのはスコアの50～60パーセントを占めると。それはレベルに関わらず、ツアープロから初心者まで、そうなんです。だから、グリーン周りの練習はすごく大事なのに、意外とアマチュアの人はやりませんよね。グリーン周りの練習法について、アドバイスしてほしいのですが……。

小田 日本のアマチュアの人は、身近でグリーン周りの練習をできる環境にないですよね。できればそういった練習ができる場所を見つけられるとよいのですが、まず実戦でできるだけ練習することが一番だと思います。

児玉 アプローチの距離などのイメージの出し方のコツはありますか？

小田 僕の場合は、パターにしろアプローチにしろ必ず歩測しますね。見た目は信用できないんです。歩測して15ヤードだとわかったときに、安心できるんです。見た感じで距離を予測してしまうと、寄らないですね。アマチュアの方も後ろに迷惑がられない程度に、アプローチでも歩測したほうがいいです。たとえばピンまで17ヤードだったら、14ヤードあげて残り転がそうとか、イメージが湧くんですよ。距離をしっかりイメージできないと、ただ打っているだけになってしまいます。それで寄っても、結果オーライ。パターを歩測して外してしまった場合でも、それがデータとして自分のなかに蓄積されるわけです。僕も歩測を始めたことでかなりレベルが上がったと思います。だからジュニアに教えるときには絶対に歩測をさせます。時間はかかって面倒かもしれませんが、それで教えた子は皆上手くなっています。

児玉　つまりショートゲームにおける自分なりの具体的な尺度が小田プロの場合歩測なのですね。これは企業秘密かもしれませんが、小田プロの場合は練習グリーンでどんな練習をしているのですか？

小田　まず、グリーンの速さを確かめるために、5〜7メートルのカップを狙います。それはまず感覚を掴むため。

児玉　ツアープロはグリーンの速さにすごく敏感ですね。

小田　そうなんです。朝一で「今日のグリーンは湿ってるな」とか「砂が多いな」ということを確認するんです。その後、2メートルくらいの平らでないところのカップをグルッと一周していろんな角度から打ちます。ストレート、フック、スライスのラインをだいたい2個ずつ打ってきちんと入るまで、繰り返します。納得いかなければ何周も回ります。

児玉　先ほど練習場でもいろんな場所に打つのがプロの方法だと強調されていました

が、アマチュアゴルファーは同じ位置からひたすらカップに入れる練習だけを繰り返してますよね。

小田　感覚のない人はまずそこから始めてもいいですが、ある程度感覚がつかめたら、1周回ってみたらいいと思います。それが終わったら2メートルくらいのストレートのラインを探してずっと頭を残して打つ。外れてもいいからカップを見ないでストレートに打ち続ける。で、OKとなれば、今度は10メートルを真剣にラインを読んで打ちます。入らなくても、絶対に2パットで入る位置には持っていく。そして最後に1メートルを確認する。

児玉　ラウンドが終わったあとはどうですか？

小田　たとえばスライスが入らなかったら、感覚がつかめるまでやります。

児玉　アマチュアの方は終わったらすぐにロッカールームに行ってしまうと思いますが、少しくらいはやったほうがよいと。

小田　先ほどもアプローチの練習場所がなかなかないという話をしましたが、せっかくそういう環境に来ているんだから、チャンスと思って練習されるといいと思います。そのときも気を抜くのでなく、今日ダメだった部分を復習するだけでもいいと思うんです。

長い時間やらなくてもよいんです。

児玉 それもひとつのメンタルテクニックですよね。終わったあと、5~10分でもいいんで、外したラインを復習する。その積み重ねが大きな差になってくる。

プレーを選択できればゴルフの幅が広がる

児玉 青木功プロは10年前に回ったコースでも、全部覚えていると……。「ここにあった木はどうしたの?」と支配人に訊いたというエピソードもあるくらいで。記憶力はプロゴルファーにとっては大切だと思うのですが……。

小田 これはもう、絶対に必要ですね。全部のショットとまでは言いませんが、ポイントのショットはずっと覚えているものです。

児玉 アマチュアの方でも記憶するのに興味を持つ方法はないですか?

小田 それこそポジティブ思考ですよね。まぐれでもいいからバーディをとったホールがあれば、それを記憶してイメージすることですよね。

児玉 よいイメージを常に描いて、記憶することが大事だと。

小田　プロのなかでもあのホールは嫌だなというのがあります。そうするとやっぱり結果も悪いんですよ。そういう場合はいつもとはちょっと違った攻め方をしてみるとか、苦手意識を取り払うことが大事ですね。

児玉　たとえば具体的なラウンドで、トラブルショットになったときに、アマチュアはあえて確率10パーセントくらいの、狙えないグリーンを狙って大叩きしてしまうようなことがよくあるんですが、小田プロの場合は、パー5で2オンを狙うか、池を避けてレイアップするかというときの選択はどんな基準ですか？

小田　それは状況にもよりますね。プロであればまず狙えるところを見ると思うんです。そしていろんな球筋での可能性をイメージして判断します。

児玉　そのときの感覚を大切にすることが大事なんですね。

小田　まず自分の技術と相談します。無理なものはやっぱり無理ですね。

児玉　先ほどからのテーマですが、そんな場合にもいろんなケースを考えて、そのなかから選択できるとなれば有利ですよね。

小田　自分の持っている技術は把握しておくべきですね。プロでやっと狙えるような隙間を、「空いているな」と思ってしまっては危険です。自分のゴルフをマネジメントできるようになれば、いいスコアに結びつくと思います。

児玉 では、最後に小田プロの今後の抱負についてうかがいたいんですが。

小田 まず、優勝したいです。優勝しないとみんなの記憶に残らない。まずトレーニングで自分に足りない部分を鍛えて、07年の各トーナメントでの順位をひとつでもいいから全て上を目指す。07年は2位が2回あったんで、2回の優勝を目指す。将来的にはまずは、アジアで実績をあげること、メジャー挑戦はその次のステップだと思います。

児玉 メンタルトレーナーとして言わせてもらえば、できるだけゴールは高いところに置くべきだと思いますが……。

小田 もちろん目標は海外のメジャーで優勝することだと思っています。メジャーで優勝してもタイガーのように、さらに先を見据えている選手もいますし。まずはいまの自分にできることをしっかりやろうと思っています。

児玉 今日はアマチュアゴルファーに参考になる貴重なお話をたくさんいただき、ありがとうございました。

児玉光雄｜こだま・みつお

Mitsuo Kodama

1947年兵庫県生まれ。鹿屋体育大学教授。京都大学工学部卒業。学生時代テニスプレーヤーとして活躍し、全日本選手権にも出場。カリフォルニア大学ロサンゼルス校（ＵＣＬＡ）大学院に学び工学修士号を取得。米国オリンピック委員会スポーツ科学部門本部の客員研究員としてオリンピック選手のデータ分析に従事。過去20年以上にわたり臨床スポーツ心理学者としてプロスポーツ選手のメンタルカウンセラーを務める。また、日本でも数少ないプロスポーツ選手・スポーツ指導者のコメント心理分析のエキスパートとして知られている。

主な著書は、ベストセラーになった『イチロー思考』をはじめ、『オシム知将の教え』『イチロー頭脳』『松坂大輔「100億思考」を読み解く！！』（以上東邦出版）、『名将・王貞治勝つための「リーダー思考」』『ゴルフ脳を鍛えるメンタル・ドリル』（以上日本文芸社）、『そのとき選手が変わった！』（中経文庫）、『1日5分でシングルになる！　ゴルフメンタル』（池田書店）など、100冊以上にのぼる。日本スポーツ心理学会会員、日本体育学会会員。

［ホームページアドレス］ http://www.m-kodama.com

参考資料（順不同）

『ゴルフ「ビジョン５４」の哲学』ピア・ニールソン他（ランダムハウス講談社）
『ゴルフわが技術』青木功（ＰＨＰ文庫）
『あなたのゴルフに「奇跡」をおこす～秘密のメンタルノート』児玉光雄（廣済堂文庫）
『１日５分でシングルになる！　ゴルフメンタル』児玉光雄（池田書店）
『タイガー・ウッズに学ぶ勝者の心理学』児玉光雄（ＰＨＰ研究所）

雑誌『スーパーゴルフ』（株式会社デイリー社）

T・ウッズやオチョアは知っている
なぜゴルフは練習しても上手くならないのか

児玉光雄／著

2008年7月8日　初版第1刷発行
発　行　人　保川敏克
発　行　所　東邦出版株式会社
〒171-0014　東京都豊島区池袋2-30-13
TEL 03-5396-7100
FAX 03-3989-1232
http://www.toho-pub.com
印刷・製本　新灯印刷株式会社
（本文用紙：ラフクリーム琥珀　四六判66.5kg）